ओरांग उटान

अनाथ, बेघर और सेक्स गुलाम

ओरांग उटान

अनाथ, बेघर और सेक्स ग़ुलाम

वाणी पृथ्वी

जंगल कथा
भाग दो

कबीर संजय

वाणी प्रकाशन

सजिल्द प्रथम संस्करण : 2023

वाणी प्रकाशन

4695, 21-ए, दरियागंज, नयी दिल्ली 110 002

फ़ोन : +91 11 23273167 फ़ैक्स : +91 11 23275710

शाखाएँ

अशोक राजपथ, पटना 800 004, बिहार

कॉफ़ी हाउस कैम्पस, महात्मा गांधी मार्ग, इलाहाबाद 211 001, उत्तर प्रदेश

महात्मा गांधी अन्तरराष्ट्रीय हिन्दी विश्वविद्यालय, वर्धा 442 001, महाराष्ट्र

36/ए, शेक्सपीयर सरणी, रानी बिरला गर्ल्स कॉलेज के पास, कोलकाता 700 017, प. बंगाल

www.vaniprakashan.com
marketing@vaniprakashan.in
sales@vaniprakashan.in

Oraang Utaan
by Kabeer Sanjay

ISBN : 978-81-962190-8-6
Social Science/Non-Fiction

मूल्य : ₹ 225

सिटी प्रेस, दिल्ली-110 095 में मुद्रित

वाणी प्रकाशन का लोगो मक़बूल फ़िदा हुसेन की कूची से

समर्पण

डॉ. लाल बहादुर वर्मा को...

जिनके पास बैठकर जीवन जीने और समझने की तमीज़ सीखी...

भूमिका

मुझे पेड़ों को छूना पसन्द है। किसी सड़क की फुटपाथ पर गुज़रते हुए अचानक मेरा मन किसी पेड़ के तने को छूने का होता है। ज़्यादातर उनकी त्वचा खुरदुरी होती है। तने पर पपड़ियाँ जमी होती हैं। उन पपड़ियों के बीच-बीच में से पानी के बहने के रास्ते होते हैं। जब बारिशें होती हैं तो पानी इन्हीं रास्तों के ज़रिये बहता हुआ नीचे जड़ों की तरफ जाता है। किसी-किसी पेड़ को देख कर मुझे उस पर चढ़ने का ख़याल भी आने लगता है। मैं योजना बनाने लगता हूँ कि कौन-सी डाल पकड़नी है, कैसे ऊपर चढ़ना है? अक्सर ही मैं पेड़ों की पत्तियों को सहला कर देखता हूँ। ज़्यादातर पेड़ों की पत्तियाँ चिकनी और मुलायम होती हैं। जब सूरज की रौशनी उन पर पड़ती है तो वे चमक उठती हैं, कुछ-कुछ नदियों की तरह ही।

मुझे फूलों को देखना पसन्द है। मैं उन्हें छू कर महसूस करता हूँ। कई बार मैं उनके स्वाद भी लेता हूँ। न जाने कितने सालों पहले मैंने अमरूद के फूलों को चबाया था, लेकिन मुझे आज भी उसका स्वाद पसन्द है। मुझे उसकी कोमल पत्तियों का स्वाद भी पता है। अमरूद की डालों का स्वाद भी मैं जानता हूँ। ऐसे ही नीम की नाजुक पत्तियों से लेकर नीम के फलों, दातुनों और उसकी छाल पर लगी चिप्पियों तक का स्वाद मुझे याद है। बचपन में मैंने न जाने कितने पेड़ों की पत्तियों, फूलों, छालों, फलों, कोंपलों, डंठलों का स्वाद लिया। इनमें से कुछ स्वादिष्ट थे तो कुछ के स्वाद बेहद कसैले। कैथा और अमरख (स्टार फ्रूट) जैसा फल मेरी बचपन की स्मृतियों का अभिन्न हिस्सा है। मौलश्री के फलों का वह मुँह को बक्सहा कर देने वाला स्वाद भी मुझे याद है।

ढेर सारी मौलश्री खाने के बाद फल के कणों की ज़ुबान पर चढ़ जाने वाली परत भी मेरी याद में बिलकुल ताज़ा है। मुझे जामुन खाने के बाद नीली-बैंगनी हुई अपनी जीभ भी याद है। गुलाब और गुलमोहर की पँखुड़ियों का स्वाद मेरी ज़बान पर चढ़ा है। इमली के पत्तों की तो बात ही क्या मैं बचपन से ही पेड़ों को देखकर ख़ुश होता रहा। उनके आसपास विचरना मेरा सबसे पसन्दीदा शौक़ रहा है।

दोस्तो, आप लोगों का क्या मानना है? क्या अपने बचपन में जो कुछ मैंने महसूस किया है, आपने भी कभी कुछ वैसा महसूस किया है? क्या आपने भी फूलों की पँखुड़ियों का स्वाद लिया है? क्या आपको भी पेड़ों की डालियों का स्वाद पता है? क्या आपने भी कभी कच्ची सब्ज़ियाँ खाई हैं? फल तो हर किसी को पसन्द होते हैं, इसलिए फलों के बारे में तो मैं पूछता भी नहीं। दोस्तो, क्या कभी आपने सोचा है कि हमें आख़िर पेड़ों से ऐसा लगाव क्यों है? क्यों हम बारिशों को देख कर पेड़ों की तरह ही ख़ुश हो जाते हैं? मानसून बरसता नहीं कि हमारा मन भी किसी मोर की तरह नाचने को होता है। क्या यह इसलिए है कि हम सब प्राईमेट्स हैं? पेड़ों और हमारा नाता अटूट है। हम पेड़ों के साथ ही विकसित हुए हैं। हमारा विकास-क्रम पेड़ों पर चढ़ने और उससे ज़मीन पर उतरने के साथ ही जुड़ा हुआ है।

आपने कभी किसी बच्चे को पहली बार झूले पर बैठते हुए देखा है? उसके चेहरे पर डर होता है। वह घबराया हुआ होता है। दिल में धुकधुकी होती है, लेकिन इस धुकधुकी, डर और घबराहट के साथ उसे ढेर सारा मज़ा भी आता रहता है। यह आनन्द ऐसा है जो उसके भय पर हावी होता है। एक बार झूले का आनन्द लेने के बाद वह बार-बार झूले का मज़ा लेना चाहता है। बच्चों के किसी भी पार्क में जाइये, आपको झूले अनिवार्य रूप से दिखायी देंगे। झूले पर झूलने के लिए बच्चों के बीच प्रतिस्पर्धा भी दिखायी देगी। लड़ाई-झगड़ा भी होगा।

मेरी पीढ़ी के तमाम लोगों को झूला झूलना उनकी बचपन की यादों की तरफ ले जायेगा। किसी शहरी पार्क में लोहे के जंगलों में, लोहे की सकड़ियों

से बँधे हुए झूले की बात नहीं कर रहा हूँ मैं। वह झूला जो पेड़ों की डालियों पर बाँधा जाता था। ख़ासतौर पर सावन के महीने में पेड़ों पर ऐसे झूलों की बाढ़-सी आ जाती थी और कई बार तो बारिश की रिमझिम फुहारों के बीच लोग ऐसे झूलों पर घबराते, खिसियाते हुए डर और रोमांच का आनन्द लेते थे। आख़िर झूले में ऐसा है क्या? झूले की पींगों को तेज़ मारने में जो डर है, उसमें इतना मजा क्यों है?

हम सब प्राईमेट हैं। हाल के दिनों में मैंने कई लोगों से पूछा कि प्राईमेट्स क्या होते हैं? दुख है कि इसका सही-सही जवाब मुझे मिला नहीं। ऊपर मैंने लिखा है कि गर्व से कहो, हम प्राईमेट्स हैं। ज़ाहिर है कि जाति, धर्म, भाषा, क्षेत्र और देश जैसी छोटी सीमाओं, अस्मिताओं और पहचानों में बँधे हुए हमारे समाजों को इस विस्तृत पहचान की जानकारी या अहसास नहीं है। वे उन छोटी-छोटी पहचानों और अस्मिताओं मे ही उलझे रहना चाहते हैं।

जी हाँ, मैं एक प्राईमेट हूँ। प्राईमेट्स क्या होते हैं? प्राईमेट स्तनपायी जानवरों का एक विस्तृत ख़ानदान हैं, एक बहुत ही विशालकाय परिवार। इस परिवार में तीस ग्राम वज़न और 9.2 सेंटीमीटर की लम्बाई वाले मैडम बर्थेस माउस लीमर से लेकर 200 किलोग्राम वाला गोरिल्ला तक शामिल है। दुनिया भर में प्राईमेट्स की पाँच सौ से ज़्यादा प्रजातियाँ निवास करती हैं। यह परिवार पेड़ों पर रहने के हिसाब से ढला हुआ है। पेड़ ही इस परिवार का जीवन रहा है। पेड़ ही उन्हें भोजन और आवास देते थे। शिकारियों से सुरक्षा भी। हालाँकि परिवार के कुछ सदस्यों ने बाद में पेड़ों से नीचे उतरने और जीने की हिम्मत भी जुटाई। उनके शरीरों में इस अनुसार भी बदलाव हुए, लेकिन प्राथमिक तौर पर वे आज भी प्राईमेट्स में कुछ ख़ास ख़ूबियाँ मौजूद हैं। थूथनदार की बजाय सपाट चेहरा, सूँघने की क्षमता की बजाय अपनी निगाहों पर ज़्यादा भरोसा, अन्य स्तनपायी जीवों की तुलना में ज़्यादा बड़ा मस्तिष्क, लम्बा बाल्यकाल और लम्बी उम्र जैसी विशेषताएँ प्राईमेट्स को अन्य स्तनधारियों से अलग कर देती हैं।

हर इन्सान के अन्दर पेड़-पौधों और जंगलों को ले कर एक कुदरती लगाव है। ज़ाहिर है कि पेड़ों पर रहन-सहन के चलते फूलों, फलों और पत्तियों

से एक सहज प्रेम सभी की विशेषता है। हम इसे अपने जीन में लेकर चल रहे हैं। हरे-भरे जंगल हमें एक नैसर्गिक ख़ुशी से भर देते हैं। हरियाली देखकर हमारा जी खिल उठता है। सड़क के किनारे खड़ा कोई विशालकाय दरख़्त हमें अचम्भित करता है और अपनी तरफ़ खींच लेता है। हम उसके आकर्षण में खिंचे चले जाते हैं? क्योंकि हम सब प्राईमेट्स हैं।

'जंगलकथा' सीरीज़ की पहली किताब फेलिडी यानी बिडाल ख़ानदान के एक सदस्य चीते पर आधारित थी। इस सीरीज़ की दूसरी पुस्तक प्राईमेट ख़ानदान के एक सदस्य ओरांग उटान के बारे में है। बोर्नियों और सुमात्रा में रहने वाला यह जीव हम इन्सानों के सबसे क़रीबी रिश्तेदारों में शामिल है। मैं जितना भी ज़्यादा ओरांग उटान को जानता हूँ, उसके प्रति मेरी पसन्दगी बढ़ती जाती है। लम्बे-लम्बे जटा जूट, ललछौर बालों से घिरे हुए ओरांग उटान के चेहरे पर मुझे बुद्ध जैसी शान्ति दिखती है, जैसे वह हमारी इन्सानी सभ्यता पर हँस रहा हो। थोड़ी तल्ख़ी से जैसे वह मुझसे पूछ रहा हो कि पेड़ों से उतर कर भला तुम्हें क्या मिला? अब आख़िर तुम जंगलों को तहस-नहस करने पर क्यों तुले हुए हो? ओरांग उटान के किसी बच्चे के चेहरे पर लहराते हुए बाल मुझे फ़िल्मों के किसी नायक की याद दिलाने लगते हैं।

इसकी तुलना में किसी गुरिल्ले का चेहरा हो सकता है कि आपको थोड़ा गुस्सैल-सा लगे। ख़ासतौर पर मुखिया गुरिल्ला थोड़ा ज़्यादा रौब-दाब वाला लगेगा। उसकी बलशाली भुजायें भी आपको चेतावनी देती हुई-सी लग सकती हैं। जब अपने दोनों हाथों में खाने की कोई चीज़ पकड़े हुए वह पैरों पर चलता हुआ दिखेगा तो शरारत में चोरी करके कोई सामान ले कर भागते हुए बच्चे जैसी छवि आपको उसमें दिख सकती है। इसकी तुलना में चिम्पैंजी और बोनोबो ज़्यादा खिलन्दड़े और चुहलबाज़ लगते हैं। पता नहीं क्यों चिम्पैंजी के चेहरे पर एक शरारत हमेशा मौजूद रहती है, लेकिन कई बार उनके चेहरे पर गहन गम्भीरता भी झलकने लगती है। कई बार बड़े हिंसक भाव भी उनके चेहरे पर होते हैं। चिम्पैंजी और बोनोबो हम इन्सानों के सबसे ज़्यादा क़रीब हैं। कुछ मामलों में हम बोनोबो के करीब हैं तो कुछ मामलों में चिम्पैंजी के।

कपि चूँकि हमारी भाषा में स्पष्ट अर्थों के साथ बहुत प्रचलित शब्द नहीं है, इसलिए उन्हें 'एप', 'कपि' और 'बनमानुष' कह कर सम्बोधित किया गया है।

'जंगलकथा' के इस भाग में इन सभी का परिचय मौजूद है। हमारे इन क़रीबी रिश्तेदारों के जीवन की रक्षा करना और उनके आवासों को बचाया जाना बेहद ज़रूरी है। इसके लिए सबसे ज़रूरी है कि हम उनके बारे में जानें। वे हमारे जैसे ही हैं। वे भी हमारी तरह प्राईमेट्स हैं। उनका जीवन इस धरती के लिए ज़रूरी और महत्त्वपूर्ण है। दोस्तो, 'जंगलकथा' का उद्देश्य अपने पाठकों को इन जीवों के बारे में विशेषज्ञ बनाने से कुछ ज़्यादा है। मेरी कोशिश है कि जंगलों से लगाव और जुड़ाव मज़बूत हो। फिर यह लगाव और जुड़ाव उनके संरक्षण की तरफ बढ़े। 'जंगलकथा' के इस भाग के लिए साहित्य, सिनेमा, इंटरनेट, वित्तचित्र, ओटीटी प्लेटफ़ॉर्म, समाचार-पत्रों की कटिंग्स और विशेषज्ञों से बातचीत जैसे तमाम माध्यमों का प्रयोग सूचनाएं जुटाने के लिए किया गया है। यथा अनुसार उनका उल्लेख किया गया है। उन सभी का यहाँ पर अलग-अलग आभार जताना सम्भव नहीं है। इसलिए एक साथ ही सभी सूचनाओं के लिए सभी का आभार व्यक्त करता हूँ।

उम्मीद है कि 'जंगलकथा' भाग-1 'चीता : भारतीय जंगलों का गुम शहजादा' की तरह ही आप लोगों को 'ओरांग उटान : अनाथ, बेघर और सेक्स गुलाम' भी पसन्द आयेगी और आप लोग इसे वैसा ही प्यार देंगे। किताब पढ़ कर अगर आपके मन में भी ओरांग उटान व अन्य प्राईमेट्स के प्रति प्यार, लगाव और चिन्ता पैदा होती है, तभी इस प्रयास को सफल माना जायेगा।

अनुक्रम

अध्याय : 1

दिमाग़ी गुहा अन्धकार का ओरांग उटान

अमन एक ओरांग उटान है। उसकी उम्र इस समय चार साल के लगभग है। वो एक जंगल स्कूल में रहता है। जहाँ उसे ओरांग उटान जैसी ज़िन्दगी बिताने के तरीक़े बताये जा रहे हैं। वह अपनी पहचान भूल चुका था। यहाँ पर वो अपनी पहचान फिर से हासिल कर रहा है। उसे अपना जीवन पेड़ पर बिताना है। पेड़ों के फल, फूल, पत्तियाँ, छालें और पेड़ों पर लगी दीमकें और कीट खा कर ही अपना जीवन बिताना है, लेकिन इन सभी कामों में उसे काफ़ी परेशानी का सामना करना पड़ रहा है, क्योंकि उसके बायें हाथ की उँगलियों का ऊपरी हिस्सा कटा हुआ है। इसके चलते वह पेड़ों पर चढ़ने का अपना काम सुगमता से नहीं कर पाता। उसे हर चीज़ सीखने में दोगुनी मेहनत करनी पड़ती है।

उसकी उँगलियों का ऊपरी हिस्सा कैसे कटा? अनुमान है कि जब उसे उसकी माँ से अलग किया जा रहा होगा तब उसने बहुत ही ज़्यादा कस कर अपनी माँ को पकड़ लिया होगा। अपनी सहजवृत्ति के चलते वह कस कर अपनी माँ से चिपट गया होगा। जंगल में शिकार करने वालों ने माँ ओरांग उटान से बच्चे को छीनने की कोशिश की होगी, लेकिन अपने जीते-जी एक माँ अपने बच्चे को कैसे हत्यारों के हाथ में सौंप सकती है? माँ ओरांग उटान ने हमलावरों का डट कर सामना किया होगा। अनुमान है कि उन हत्यारे शिकारियों ने माँ ओरांग उटान की जान ले ली होगी। बच्चा अपनी माँ के शरीर से और भी कस कर चिपट गया होगा। माँ के शरीर से उसे छुड़ाने के लिए हत्यारे शिकारियों

ने पूरा ज़ोर लगाया होगा। उन्होंने शायद अपनी मसेटी (जंगल में प्रयोग किया जाने वाला गँड़ासे जैसा हथियार) से उसकी उँगलियों पर चोट की, जिससे उस छोटे-से ओरांग उटान बच्चे के बायें हाथ की उँगलियों का ऊपरी हिस्सा कट गया।

वो बच्चा अपनी चोट पर चीख़ रहा होगा। शायद उसे अपनी उँगलियों की चोट भारी नहीं लगी होगी। मरती हुई माँ से दूर किया जाना ही उसके जीवन की सबसे बड़ी क्षति थी। यह उसके लिए मौत से भी बदतर था, लेकिन शिकारियों को उस पर कोई दया नहीं करनी थी। ओरांग उटान को पकड़ने और उनकी तस्करी करने का एक बड़ा नेटवर्क दुनिया के कई हिस्सों में काम कर रहा है। जंगलों से उन्हें पकड़ कर इंडोनेशनिया के अलग-अलग हिस्सों में भेजा जाता है। कई बार उन्हें थाईलैंड और मध्य पूर्व के देशों में भी बेचा जाता है, कई बार यूरोप और सिंगापुर में भी।

अमन उन कुछ ख़ुशनसीब ओरांग उटान बच्चों में से एक है, जिसे ज़िन्दगी ने दूसरा मौक़ा दिया। जून 2020 में बोर्नियन ओरांग उटान रेस्क्यू एलांयस (बीओआरए) ने उसे बोर्नियो के ईस्ट कालीमंतान में स्थित बेराउ के एक घर से छुड़ा लिया। उस समय उसकी उम्र दो साल के लगभग रही होगी। अमन को मुर्गियों के दड़बे में रखा गया था और ज़्यादातर समय उसे केला, पानी और टॉफियाँ खिलायी जाती थीं। यह एक ऐसा खाना था, जो उसे कुपोषित, कमज़ोर और बीमार कर रहा था। किसी ओरांग उटान के लिए यह ज़िन्दगी कोई जीवन नहीं बल्कि क्रूरतम यातनाओं से भरी एक क़ैद थी। पेड़ों पर रहने वाले ओरांग उटान का यह बच्चा मुर्गियों के दड़बे में बन्द लकड़ी के तख़्ते पर लेट कर बाहर की दुनिया देखता था। उसकी निस्तेज आँखों में जीवन का कोई सपना नहीं रहा होगा। जीवन की कोई उमंग नहीं रही होगी। ओरांग उटान सात सालों तक अपनी माँ के साथ रहते हैं। माँ से ही उनके जीवन की डोर बन्धी होती है। ज़ाहिर है कि दो साल के इस बच्चे की स्मृतियाँ अपनी माँ को लेकर अभी भी ताजा रहीं होंगी और वो मायूसी और अवसाद के साथ अपना जीवन काट रहा था।

लेकिन बचाव दल द्वारा मुर्गियों के दड़बे से बाहर निकाले जाने के बाद उसे दोबारा जीवन मिला। 'द ओरांग उटान प्रोजेक्ट' नाम की संस्था की देख-रेख में उसे रखा गया है। यहीं पर उसे 'अमन' नाम दिया गया। यहाँ पर ओरांग उटान के लिए बनाये गये ख़ास जंगल स्कूल में उसे जीवन के लिए ज़रूरी हुनर सिखाए जा रहे हैं। पेड़ों पर चढ़ने से लेकर खाना ढूँढ़ने और जंगल की ज़िन्दगी के अनुकूल बनने के सबक़ वो सीख रहा है। बाये हाथ की उँगलियों का ऊपरी हिस्सा कटा होने के बावजूद वो पेड़ों पर चढ़ने की महारत हासिल करने का प्रयास कर रहा है। फ़िलहाल वो बहुत माहिर भले ही न हो, लेकिन उसने हार नहीं मानी है। हो सकता है कि एक दिन फिर वो जंगलों में लौट सके, एक आत्मनिर्भर ओरांग उटान बनकर।

ऊपर की इन पंक्तियों में सिर्फ़ एक ओरांग उटान बच्चे की कहानी लिखी हुई है, लेकिन वह अकेला नहीं है। उसके जैसी पीड़ा, दुःख, सदमे और अवसाद से हज़ारों ओरांग उटान को गुज़रना पड़ा है। वन्यजीवों की तस्करी के बाज़ार में ओरांग उटान सबसे ज़्यादा तस्करी किये जाने वाले ग्रेट एप में शामिल हैं। यहाँ तक कि फ़ेसबुक, व्हाट्सएप्प और इंस्टाग्राम जैसे सामाजिक माध्यमों का उपयोग करके भी इनकी ख़रीद-बेच की जा रही है। इस गन्दे कारोबार में ओरांग उटान के बच्चों को बेचने का व्यवसाय सबसे ज़्यादा प्रचलित है। एक हज़ार डॉलर तक की क़ीमत पर ओरांग उटान के बच्चे बेचे जाते हैं। 'द ओरांग उटान प्रोजेक्ट' का आकलन है कि छह में से सिर्फ़ एक ओरांग उटान को ही ऐसी किसी क़ैद से छुड़ाया जा पाता है। ज़्यादातर ओरांग उटान पाल्य अवस्था में आजीवन कारावास की सज़ा काटते हुए अपने जीवन के दिन पूरा करते हैं और अन्ततः मर जाते हैं। अमन जैसे कुछ ख़ुशक़िस्मत बच्चों को ही ज़िन्दगी दोबारा जीने का मौक़ा हासिल होता है।

***

ब्रिटिश अख़बार 'मिरर' की मई 2013 की स्टोरी एक और ओरांग उटान की व्यथा-कथा से परिचित कराती है। भूखी, प्यासी, परेशान और डरी हुई

ये ओरांग उटान पहले बोर्नियो के एक वर्षावन में रहती थी। ये वर्षावन अब मनुष्यों को ऑयल पॉम ट्री की खेती के लिए चाहिये। इसलिए वे जंगल साफ़ कर रहे हैं। जंगल को तहस-नहस होता देख यह मादा ओरांग उटान अपने गर्भ में बच्चे को छुपाये आसरे की तलाश में आस-पास बचे एकमात्र पेड़ की ऊँची डाल पर चढ़ गयी है। यहाँ से वो देखती है कि मशीनें कैसे पूरा जंगल तहस-नहस कर रही हैं। चारों तरफ कटे हुए पेड़ों की लाशें बिखरी हुई हैं। इन्सानों द्वारा बनायी गयी बड़ी-बड़ी दैत्याकार मशीनें चारों तरफ घूम रही हैं।

जंगलों को साफ़ करने में बाधा बनने वाले ओरांग उटानों को मार दिया जा रहा है या फिर भूख और प्यास से वे ख़ुद ही दम तोड़ रहे हैं। अख़बारों में इस गर्भवती मादा ओरांग उटान की तस्वीरें भी छपीं। अपनी जान बचाने के लिए वो पेड़ की सबसे ऊँची डाल पर चढ़ गयी। वहाँ से डरी-सहमी और भूखी-प्यासी वो अपने आस पास के जंगलों को नष्ट होते हुए देखती रही। उसके अन्दर इतनी भी ताक़त नहीं थी कि वह ख़ुद से पेड़ के नीचे उतर पाती। ओरांग उटान जंगल की कैनोपी पर रहते हैं। वे पेड़ों की एक डाल से दूसरी डाल पर झूल-झूल कर जाते हैं। ज़मीन पर वे बहुत ही कम उतरते हैं। ऐसे में जब आस-पास के सभी पेड़ों को काट कर जमींदोज़ कर दिया गया हो, तब एकमात्र पेड़ पर बैठी हुई वह मादा ओरांग उटान भला कर भी क्या सकती थी?

उसे बचाने के लिए पहुँची रेस्क्यू टीम ने उसे डॉट मार-कर बेहोशी का इंजेक्शन दिया। इसके बाद बेहोशी की हालत में उसे पेड़ से नीचे गिराया गया और नीचे जाल लगा कर उसमें लोक लिया गया। वो उन कुछ ख़ुशनसीब ओरेंग उटान में है, जिसकी जान बच गयी और उसने बाद में बच्चे को भी जन्म दिया। इस मादा का नाम 'बून' मी रखा गया है। हालाँकि ज़्यादातर ओरेंग उटान की क़िस्मत बून मी जैसी अच्छी नहीं है।

***

अलग-अलग समाचार माध्यमों के ज़रिये मैं पोनी की भयावह और दारुण कहानी तक भी पहुँचता हूँ। पोनी एक मादा ओरांग उटान है। उसे

वर्ष 2003 में इंडोनेशिया के एक गाँव में चलने वाले चकलाघर से छुड़ाया गया। इस चकलाघर में वह किसी सेक्स गुलाम की तरह का जीवन बिता रही थी।

सभी ग्रेट एप में ओरांग उटान के बाल सबसे ज़्यादा लम्बे होते हैं, जो कि उन्हें तमाम पिस्सुओं और मच्छरों से बचाते हैं। बीमारियों से रक्षा करते हैं, लेकिन इस चकलाघर में हर दूसरे-तीसरे दिन पोनी के बालों को साफ़ कर दिया जाता था। उसके हाथ-पैर लोहे की सिकड़ियों से बँधे होते थे, जिन्हें दीवारों से बाँध दिया जाता था। पोनी के चेहरे पर मेकअप पोत दिया जाता था। उसके होठों पर लिपिस्टिक लगाई जाती थी। उसे हार और गहने भी पहनाए जाते थे। कान में बालियाँ भी डाल दी जाती थीं। गाँव के आस-पास काम करने वाले खेतिहर मज़दूरों के लिए वह एक सेक्स का खिलौना थी। चन्द पैसा अदा करके लोग उसके साथ सेक्स करने के लिए आते थे। बालों को साफ़ किये जाने के चलते उसकी त्वचा खुल गयी थी, जिससे उसे मच्छर और पिस्सू काटते रहते और खुजली होती रहती। लोहे की चेन से बँधी वह हर दिन ग्राहकों को ख़ुश करने का काम किया करती थी।

अलग-अलग समाचार-पत्रों की ख़बरों के मुताबिक़ वर्ष 2003 में उसे गाँव में चल रहे इस चकलाघर से मुक्त कराया गया। चकलाघर चलाने वालों ने इसका बहुत बुरी तरह से विरोध किया और लोगों के विरोध को नाकाम करने के लिए पैंतीस से ज़्यादा सुरक्षाकर्मियों की तैनाती करनी पड़ी। बाद में उसे 'बोर्नियो ओरांग उटान सर्वाइवल फ़ाउंडेशन' की देख-रेख में रखा गया। यहाँ पर अभी भी वह रहती है और माना जाता है कि अब उसकी उम्र 21 साल से भी ज़्यादा की हो चुकी है। ओरांग उटान अपनी माँ के साथ सात से लेकर 11 साल तक का वक़्त बिताते हैं। माना जाता है कि बहुत ही कम उम्र में पोनी को उसकी माँ से अलग कर दिया गया था। छोटी-सी उम्र में उसे बन्धक बना कर रखा गया और बाद में बहुत ही दर्दनाक स्थितियों में रखते हुए उससे सेक्स गुलाम का काम लिया गया। इसके चलते वह बहुत ही ख़ौफ़ और सदमे का जीवन जी रही थी।

कुछ ख़बरों में बचाये जाने के बाद पोनी की देखभाल करने वालों के भी साक्षात्कार लिए गये हैं। इनसे पता चलता है कि मुक्त कराए जाने के बाद भी बहुत दिनों तक पोनी इस सदमे से मुक्त नहीं हो पायी। पुरुष कर्मियों को देखते ही वह डर जाती थी और घबराहट प्रदर्शित करने लगती थी। इसके चलते काफ़ी दिनों तक उसे केवल महिला कर्मियों ने सँभाला। उसकी देखभाल की। बाद में धीरे-धीरे करके उसके अन्दर पुरुष कर्मियों के प्रति भी एक विश्वास बना और वह उनकी मौजूदगी की अभ्यस्त होने लगी। हालाँकि अभी भी वह एक सामान्य ओरांग उटान की तरह जीवन बिताने में अक्षम है।

उसे दूसरा जीवन तो मिला, लेकिन यह किसी नैसर्गिक ओरांग उटान का जीवन नहीं रहा। सेक्स गुलाम के तौर पर बिताए गये उसके जीवन के दिनों ने उसके नैसर्गिक व्यक्तित्व को पूरी तरह से नष्ट कर दिया। बाद में वन्यजीव विशेषज्ञों की देखभाल से उसे हिम्मत तो मिली, लेकिन यह हिम्मत इतनी नहीं थी कि वह किसी सामान्य ओरांग उटान की तरह पेड़ों की फुनगियों पर अपना जीवन निर्भीक होकर बिता पाती, अपने बच्चे पैदा कर पाती और उनका पालन-पोषण कर पाती। इन्सानी सभ्यता ने उसे न भुला पाने वाले घाव दिए। पोनी का यह क़िस्सा अकेला है, जिसका बयान यहाँ पर किया गया है, लेकिन पाल्य अवस्था में न जाने कितने ओरांग उटानों को अपना जीवन बिताना पड़ रहा है और न जाने ही कितनी दारुण परिस्थितियों में वे अपना दिन काट रहे हैं, इसकी कल्पना करना भी मुश्किल है।

***

आगे के अध्यायों में हम ओरांग उटान के जीवन और उनके जीवन-संघर्ष के बारे में बहुत कुछ जानने की कोशिश करेंगे, लेकिन उससे पहले अपने प्रिय कवि मुक्तिबोध से शिकायत के साथ उनकी एक कविता की पंक्तियाँ याद कर रहा हूँ। इस कविता का शीर्षक है–दिमाग़ी गुहा न्धकार का ओरांग उटान। कविता उन बुद्धिजीवियों को सम्बोधित है जो अन्दर से कुछ और होते हैं और बाहर से कुछ और। अन्दर से उनके मन कलुषित हैं और बाहर से वे बातें

बड़ी-बड़ी करते हैं। यह कलुष ही ओरांग उटान है। अपने अन्दर बैठे इस अहंकार, अहमन्यता और कलुष को समाप्त किये जाने की ज़रूरत है। उसे मार दिए जाने की ज़रूरत है। यह ओरांग उटान दिमाग़ की काली गुफाओं के अन्धकार में रखे किसी सन्दूक में बन्द है, लेकिन इस सन्दूक के खुलने का डर है। ओरांग उटान के बाहर आने का डर है। अगर कहीं ओरांग उटान बाहर आ गया तब क्या करें? अगर मन पर कलुषित भावनाएँ और मक्कारी हावी होने लगे तब क्या किया जाये? मेरा कवि इसके लिए लिखता है–

अगर कहीं पेटी वह खुल जाये,
ओरांग उटान यदि उसमें से उठ पड़े,
धाँय, धाँय गोली दागी जायेगी।
रक्ताल...फैला हुआ सब ओर
ओरांग उटान का लाल-लाल
ख़ून, तत्काल...
ताला लगा देता हूँ मैं पेटी का,
बन्द है सन्दूक।

मेरा क़वि आज अगर सामने होता तो शायद मैं उससे पूछता कि आख़िर तुम्हे इस कलुष की सूरत ओरांग उटान जैसी क्यों लगी? तुमने यह क्यों सोचा कि ओरांग उटान उन बुरी भावनाओं का प्रतीक हो सकता है जो मन के किसी कोने में बैठी होती हैं और ज़रा-सा मौक़ा मिलते ही ज़ोर पकड़ लेती हैं। सिर उठा लेती हैं। दुनिया में अपने कर्मों से सबसे ज़्यादा कुरूप गोरी नस्ल रही होगी। इसलिए अगर कलुषता की कोई शक्ल होगी तो उसे नीली आँखों, गोरी चमड़ी और भूरे बालों वाला होना चाहिये। आख़िर उसी ने दुनिया में सबसे ज़्यादा हत्याएँ और मार-काट की है, शोषण किया है। आख़िर कलुषता, मक्कारी और बुरी भावनाओं का प्रतीक हम उन्हें क्यों नहीं बना सके? आख़िर ओरांग उटान कैसे इसका प्रतीक हो गया?

ख़ैर, मेरा वह कवि अब नहीं है। तो वह जवाब नहीं दे सकता है। ज़ाहिर है कि जवाब हमें ही ढूँढ़ने हैं। मैं यह मान कर सन्तोष करता हूँ कि उसे शायद

ओरांग उटान के बारे में जानकारी कम रही होगी। उसके समय की यह सीमा थी। उसने ओरांग उटान की कहीं पर शायद तस्वीरें देखी हों और उसे वे भयावह लगी होंगी। मैं निश्चित हूँ कि अगर उसने ओरांग उटान के जीवन को जाना होता, तब शायद उसकी कविता में यह प्रतीक बदल चुका होता। आगे के अध्यायों में इन प्रश्नों का जवाब ढूँढ़ने और समझने के प्रयास किये जायेंगे।

अध्याय : 2

आदमी, जो जंगल में रहता है

अक्सर ही कोई विशेषण उस संज्ञा से बड़ा हो जाता है, जिससे उसका जन्म हुआ है। संज्ञा पीछे छूट जाती है और लोग सिर्फ़ उस विशेषण को ही जानते हैं। इसे ऐसे भी कह सकते हैं कि वह विशेषण ही फिर संज्ञा बन जाती है।

जैसे भारत के कई इलाक़ों में तालाबों, नम भूमियों और नदियों के किनारे एक ख़ास क़िस्म का पौधा देखने को मिलेगा। इस पौधे की जिजीविषा का क्या कहना! यूँ तो नमी वाले इलाक़े में उगेगा, लेकिन तालाब सूख भी गया तो काफ़ी दिनों तक तालाब के दोबारा भरने का इन्तज़ार करता रहेगा। इसकी टहनियाँ ऊपर से लगेंगी सूखी, लेकिन जैसे ही अनुकूल मौसम आयेगा, वे फिर से हरी होने लगेंगी। नये कल्ले फोड़ देंगी। उन सूखी टहनियों से नया पौधा जन्म लेगा। अपने इन्हीं गुणों के चलते उन्हें 'बेहया' और 'बेशर्म' की संज्ञा मिली। एक बड़े हिस्से में अब उन्हें 'बेहया' के नाम से ही जाना जाता है। उनके गुण प्रधान हो गये। नाम पीछे छूट गया।

कुछ इसी तरह से हम 'बनमानुष' शब्द की तरफ आते हैं। बचपन से हम अपने आसपास यह शब्द सुनते आये हैं, लेकिन आज तक हम निश्चित होकर यह नहीं कर सकते हैं कि यह किस जानवर के लिए इस्तेमाल करें? क्योंकि, अक्सर तो यह शब्द हमारे ऊपर ही इस्तेमाल किया जाता रहा है। ज़ाहिर है कि 'बनमानुष' शब्द का इस्तेमाल आदिवासियों के अर्थ में नहीं किया जाता है जोकि जंगल में रहते हैं। यह उनसे अलग किसी जीव के लिए

इस्तेमाल होता है। फिर वह बनमानुष क्या है? कौन है वो वनवासी? क्या वो कोई आदिमानव है?

वो मानुष जो जंगल में रहता है, जिसे 'वनमानुष' कहकर पुकारा जाता है। ख़ैर, वनों में रहने वाला वो मानुष कोई भी हो सकता है, लेकिन फिलहाल हम बात करेंगे उस वनमानुष की, जो इंडोनेशिया और मलेशिया के जंगलों में रहता है। जी हाँ, यहाँ बात हो रही है ओरांग उटान की। मलय भाषा में ओरांग उटान का मतलब है, जंगल में रहने वाला आदमी। यह ऐसा आदमी है जो जंगलों में रहता है, जो काफ़ी कुछ आदमियों से मिलता-जुलता है। हम इन्सानों जैसा, लेकिन बहुत कुछ ऐसा भी है जो उसे हम इन्सानों से अलग करता है।

ओरांग उटान इंडोनेशिया और मलेशिया के वर्षा वनों में रहते हैं। आज उनका पर्यावास इन देशों के बोर्नियो और सुमात्रा द्वीपों तक सिमट कर रह गया है, लेकिन माना जाता है कि प्लेस्टोसीन युग में ओरांग उटान दक्षिण-पूर्व एशिया और दक्षिणी चीन के बड़े हिस्से में पाये जाते थे। पर्यावास के छिनने और तमाम क़िस्म की इन्सानी गतिविधियों के चलते अब उनकी बची-खुची आबादी सिर्फ़ बोर्नियो और सुमात्रा में ही सिमट गयी है और यहाँ भी उनके अस्तित्व पर संकट छाया हुआ है। आये दिन ही उन पर होने वाले अलग-अलग ज़ुल्मों और अत्याचारों की ख़बरें आती हैं। ओरांग उटान बुद्धिमान प्राणी होते हैं। उनकी जीवन शैली बहुत ख़ास है। वे बहुत कुछ इन्सानों जैसे हैं। इन्सानों के सबसे क़रीबी रिश्तेदारों में शामिल हैं। कुछ सीमित अर्थों में वे औज़ारों का इस्तेमाल करना भी जानते हैं। जीनस (Genus) पोंगो के अन्तर्गत रखे जाने वाले ओरांग उटान को पहले एक ही प्रजाति माना जाता था, लेकिन 1996 के बाद से इन्हें दो अलग-अलग प्रजातियों 'बोर्नियन' ओरांग उटान और सुमात्रन ओरांग उटान में विभाजित किया गया है, जबकि वर्ष 2017 में एक तीसरी प्रजाति टपानूली ओरांग उटान की भी पहचान की गयी। माना जाता है कि लगभग 19.3 मिलियन से 15.6 मिलियन साल पहले सब फैमिली पोंजीनाई अन्य होमीनाइड जैसे गोरिल्ला, चिम्पैंजी और मानव के पूर्वजों से जेनेटिक तौर पर अलग हो गयी थी। अब ओरांग उटान इस सब फ़ैमिली पोंजीनाई के इकलौती जीवित प्रजाति है।

अध्याय : 3

अजानुबाहु

भारतीय मनस में अजानुबाहु की उच्च मान्यता है। अजानुबाहु क्या है? वह व्यक्ति, जिसके हाथ जांघों तक पहुँचते हों। लम्बे हाथों वाले को 'अजानुबाहु' कहा जाता है। माना जाता है कि यह करोड़ों में किसी एक व्यक्ति के साथ ही होता है। अजानुबाहु वह होगा जो या तो भगवान होगा फिर कोई बहुत बड़ा सन्त। बहुत ही प्रतिभाशाली कोई व्यक्ति। अलग-अलग जगहों पर भगवान राम को 'अजानुबाहु' बताया गया है तो कुछ जगहों पर महात्मा गाँधी के लिए भी ऐसी उपमाएँ दी गयी हैं। बौद्ध और जैन धर्म में भी अजानुबाहु के सन्दर्भ दिखायी देते हैं। इन सभी महापुरुषों पर तो हम टिप्पणी नहीं करेंगे, लेकिन हमारी आज की जीती-जागती दुनिया में भी अजानुबाहु को उछलते-कूदते और पेड़ों पर झूलते हुए देखा जा सकता है।

जंगल भी किसी अपार्टमेंट से कम नहीं होता। यहाँ पर रहवास की अलग-अलग मंज़िलें होती हैं। कोई ग्राउंड फ़्लोर पर रहता है तो कोई फ़र्स्ट फ़्लोर पर और कोई टॉप फ़्लोर पर। बोर्नियो और सुमात्रा के वर्षा वनों की ऊपरी मंज़िल पर ओरांग उटान रहते हैं। उनका पूरा शरीर पेड़ों पर रहने और उनकी डालों पर झूलते हुए आगे बढ़ने के लिए बना होता है। ओरांग उटान पेड़ों पर रहने वाले सबसे बड़े स्तनधारी जीव हैं। उनका 90 फ़ीसदी तक समय पेड़ों पर ही बीत सकता है। पेड़ उन्हें भोजन और सुरक्षा देते हैं। नीचे ज़मीन पर ख़तरा होता है। शिकारी घूमते हैं। इसलिए बहुत ही कम मौक़े होते हैं जब वे पेड़ों से नीचे उतरते हैं। उनका पूरा शरीर इसी तरह से पेड़ों पर रहने और

उन्हीं पर जीवन जीने के लिए बना हुआ है। हमारी आज की दुनिया के असली अजानुबाहु ओरांग उटान ही हैं। पैरों की तुलना में ओरांग उटान के हाथों की लम्बाई ज़्यादा होती है। यहाँ तक कि ओरांग उटान के दोनों हाथों की लम्बाई (आर्म स्पैन) आठ फ़िट तक हो सकती है। माना जाता है कि ओरांग उटान की बाज़ुएँ इन्सानों से सात गुना तक ज़्यादा ताक़तवर होती हैं।

इन्हीं लम्बी और मज़बूत भुजाओं के बलबूते वे जंगल की ऊपरी मंज़िल पर पेड़ों की एक डाल से दूसरी डाल पर झूलते हुए चलते हैं। हम इन्सानों की तरह ही ओरांग उटान के अँगूठे भी उँगलियों के विपरीत दिशा में मुड़ सकते हैं। इसके चलते उन्हें पेड़ों की टहनियों को पकड़ने में मज़बूत ग्रिप मिलती है। इसके साथ ही उनकी उँगलियाँ पूरी तरह से सीधी होने की बजाय अन्दर की तरफ मुड़ी रहती हैं। इसके चलते भी वे ज़्यादा मज़बूती से पेड़ों की टहनियों को पकड़ते हैं। ये किसी हुक की तरह टहनियों को फँसा लेती हैं। हाथ की चारों उँगलियाँ लम्बी होती हैं। इनकी तुलना में अँगूठा छोटा होता है।

हाथों के साथ-साथ ओरांग उटान के पैरों की बनावट भी जंगल में उनके पर्यावास के बेहद अनुकूल होती है। उनके पैरों के अँगूठे भी हाथों की तरह मुड़ते हैं और वे पेड़ों की टहनियों पर मज़बूत पकड़ प्रदान करते हैं। इसे इस तरह से भी कहा जा सकता है कि ओरांग उटान के हाथ और पैर, दोनों ही पकड़ के मामले में लगभग एक जैसे ही काम करते हैं। एक तरह से यह चार हाथों के ज़रिये पकड़ बनाते हुए और झूलते हुए चलने जैसा है। उनके कूल्हे के जोड़ भी इस तरह के होते हैं जो उन्हें दोनों पैरों से पेड़ों की टहनियों को आसानी से पकड़ने में सक्षम बनाते हैं।

ओरांग उटान उन जीवों में शामिल हैं, जिनके आकार को देखकर ही नर और मादा की अलग-अलग पहचान की जा सकती है। आमतौर पर नर का आकार मादा के आकार से दोगुने से भी ज़्यादा हो सकता है। नर ओरांग उटान का औसत वज़न 75 किलोग्राम तक हो सकता है, जबकि मादा ओरांग उटान का वज़न 35 किलोग्राम तक के आसपास रहता है। प्रभुत्वशाली नर ओरांग उटान के गालों पर एक तरह के 'चिक पैड' विकसित हो जाते

हैं, जिसे 'फ़्लेंग' कहा जाता है। शरीर से मज़बूत और वज़नी प्रभुत्वशाली नर ओरांग उटान अपने गालों पर उभरे फ़्लेंग के चलते बहुत ही रौब-दाब वाले और बलशाली लगते हैं। इसके साथ ही वे ऐसी आवाज़ निकालते हैं जो जंगल में दूर-दूर तक पहुँचती है। इससे जंगल के उस क्षेत्र में रह रही मादा को उसकी मौजूदगी का पता चलता है जबकि यह आवाज़ प्रतिद्वन्द्वी ओरांग उटान को सचेत करती है कि वह प्रभुत्वशाली नर के रास्ते में नहीं आये। कुदरती तौर पर भी ओरांग उटान एक-दूसरे से टकराव टालने का पूरा प्रयास करते हैं। प्रायः परिपक्वता की उम्र प्राप्त करने के बावजूद कोई नर ओरांग उटान तब तक अपने गालों के चिक पैड यानी फ़्लेंग को विकसित नहीं करता है जब तक कि उस इलाक़े में कोई ज़्यादा प्रभुत्वशाली नर मौजूद रहता है। यह एक तरह से ख़ुद की जवानी को छुपाने जैसा है, ताकि प्रभुत्वशाली नर उसे अपना प्रतिद्वन्द्वी न समझ ले। ऐसी स्थिति में नर और मादा ओरांग उटान काफ़ी कुछ एक जैसे ही दिखते हैं। जंगल हो या कोई चिड़ियाघर या सफ़ारी, आमतौर पर ओरांग उटानों की औसत आयु 30 साल से ज़्यादा होती है।

खड़े होने पर आमतौर पर नर ओरांग उटान की लम्बाई 137 सेंटीमीटर तक हो सकती है जबकि मादा ओरांग उटान की लम्बाई 115 सेंटीमीटर तक होती है। ओरांग उटान के शरीर पर लम्बे ललछौर बाल होते हैं, जो उम्र के साथ चमकीले नारंगी रंग के होते हुए काले रंग के हो सकते हैं जबकि ओरांग उटान की त्वचा सलेटी (ग्रे) काले रंग की होती है। शरीर की तुलना में ओरांग उटान के चेहरे पर बाल कम होते हैं। उनके कान और नाक छोटे होते हैं। अलग-अलग प्रजातियों के अनुसार इन शारीरिक विशेषताओं में भी थोड़े-बहुत अन्तर मौजूद हैं।

ओरांग उटान का पूरा दिन खाने की तलाश करते, पेड़ों पर झूलते हुए जंगल में एक जगह से दूसरी जगह पर जाने और पेड़ों पर आराम करने में बीतता है। सुबह दो-तीन घण्टे तक वे खाने की तलाश करते हुए अपना दिन शुरू करते हैं। दोपहर में आराम करते हैं और आमतौर पर दोपहर के बाद यात्रा करते हैं। उन्हें नदी के पास मौजूद जंगल पसन्द आता है और ज़्यादा पहाड़ी

वाले हिस्से में भी वे कम ही जाते हैं। घसियाले मैदान, खेतों, बाग़ों आदि में जाना भी उन्हें ख़ास पसन्द नहीं आता है। रात के समय वे पेड़ों पर ही अपना घोंसला बनाते हैं और उसी पर आराम से सोना पसन्द करते हैं। बाघ, क्लाउडेड लेपर्ड और जंगली कुत्ते ओरांग उटान के प्राकृतिक शिकारी होते हैं। ज़मीन पर इन शिकारियों का ख़तरा ज़्यादा होता है। इसलिए वे आमतौर पर इनसे दूर रहने का पूरा प्रयास करते हैं।

सामान्य तौर पर ओरांग उटान को फलाहारी या फ्रूगीवोरस कहा जा सकता है क्योंकि उनके खाने में फलों की मात्रा सबसे ज़्यादा होती है। उनके खाने में फलों की हिस्सेदारी 80 फ़ीसदी तक हो सकती है। ख़ासतौर पर गूदेदार फल उन्हें सबसे ज़्यादा पसन्द होते हैं। अलग-अलग आकलन बताते हैं कि 300 क़िस्मों के फल उनकी आहार सूची में शामिल हैं। यही कारण है कि वे जंगल के सबसे बड़े माली बन जाते हैं। इन फलों के बीजों को वे पूरे जंगल में बिखेरते हैं जिसके चलते जंगल में इन फलों के पेड़ों का विस्तार होता है। इसीलिए जंगल के ईको सिस्टम में ओरांग उटान की भूमिका बेहद महत्त्वपूर्ण हो जाती है। फलों के अलावा ओरांग उटान के खाने में पत्तियों की हिस्सेदारी भी 25 फ़ीसदी तक हो सकती है। जब फलों की उपलब्धता कम हो जाती है तब पत्तियाँ और तने ज़्यादा खाए जाते हैं, लेकिन फलों की बहुतायत में उपलब्धता के समय भी भोजन का कुछ न कुछ हिस्सा पत्तियों के रूप में ज़रूर ग्रहण किया जाता है। इसके अलावा पेड़ों की छाल, शहद, पक्षियों के अंडे, कीट, कुछ छोटे जीव भी उनकी आहार सूची में शामिल हैं।

अध्याय : 4

ओरांग उटान का सामाजिक जीवन

ओरांग उटान एक सामाजिक ढाँचे में जीते हुए भी एकांकी रहना पसन्द करते हैं। अन्य ग्रेट ऐप की तुलना में वे अकेले में ज़्यादा समय व्यतीत करते हैं। सुमात्रन ओरांग उटान की तुलना में बोर्निया के ओरांग उटान ज़्यादा एकाकी होते हैं। प्यार का सबसे मज़बूत रिश्ता माँ और उसके बच्चे के बीच होता है। माँ अपने बच्चे के साथ जंगल के ख़ास और निश्चित इलाक़े में रहती है जो अन्य मादाओं के साथ मिला-जुला भी हो सकता है। ये मादाएँ भी उसकी नज़दीकी रिश्तेदार हो सकती हैं। आमतौर पर उनके रहवास का यह क्षेत्र किसी मुख्य प्रभुत्वशाली नर का इलाक़ा हो सकता है, जो मिलन में उनका मुख्य जोड़ीदार होता है। जिन ओरांग उटान के फ़्लेंग निकले होते हैं, वे प्रभुत्वशाली नर होते हैं और वे दूसरे फ़्लेंग वाले या बिना फ़्लेंग वाले नर ओरांग उटान को पसन्द नहीं करते हैं जबकि बिना फ़्लेंग वाले नर एक-दूसरे के प्रति ज़्यादा शान्तिपूर्ण तरीके से रहते हैं।

ओरांग उटान 11 साल की उम्र से स्वतन्त्र होकर जंगल में घूमने और अपना आवास क्षेत्र बनाने लगते हैं। मादा ओरांग अपने जन्म के आवास क्षेत्र के आसपास रहना पसन्द करती है जबकि नर अन्य इलाक़ों में भी चले जाते हैं हालाँकि बीच-बीच में वे अपने बचपन के इलाक़े में घूमने वापस आते रहते हैं। यह तब तक होता रह सकता है जब तक कि कोई अन्य प्रभुत्वशाली नर उन्हें ऐसा करने से रोक नहीं देता है। इलाक़े का प्रभुत्वशाली नर और इलाक़े में घूमने-फिरने वाले नर, दोनों ही ऊँचे पेड़ों पर लगे फलों को खाते हैं। फलों की

बहुतायत होने के चलते आपस में प्रतिद्वन्द्विता कम होती है और एक-दूसरे के बीच सम्पर्क संवाद हो सकता है। ओरांग उटान खाने की तलाश में जब एक जगह से दूसरी जगह जाते हैं तो समूह भी बना लेते हैं। नर और मादा साथ-ढसाथ भी रह सकते हैं जबकि झुण्ड में बैठकर एक-दूसरे की साफ़-सफाई करने का व्यवहार ओरांग उटान में बहुत कम देखने को मिलता है।

एक-दूसरे से सम्पर्क करने के लिए ओरांग उटान अलग-अलग क़िस्म की ध्वनियाँ और आवाज़ें निकालते हैं। माना जाता है कि वे तीस से ज़्यादा प्रकार की आवाज़ें निकाल सकते हैं। मादाओं को आकर्षित करने और अन्य प्रतिद्वन्द्वी नरों को दूर रखने के लिए नर लम्बी-लम्बी ज़ोरदार आवाज़ें निकालते हैं। जो एक किलोमीटर से भी ज़्यादा दूर तक सुनी जा सकती हैं। बोर्नियो और सुमात्रा के जंगलों में दूर-दूर तक गूँजती नर ओरांग उटान की यह 'लांग कॉल' किसी को बेहद डरावनी भी लग सकती है। जहाँ नज़र जाये, वहाँ तक ऐसे घने जंगल जहाँ ज़मीन पर सूरज की रौशनी भी बहुत मुश्किल से पहुँचती हो, वहाँ पर हवा में गूँजती ऐसी आवाज़ें, पत्तियों की सरसराहट, डालियों की एक-दूसरे से रगड़ खाने की आवाज़ें और पेड़ों की ऊँची डालियों पर लटकते-झूलते ओरांग उटान के दर्शन किसी के होश उड़ा सकते हैं। नर ओरांग उटान की यह आवाज़ किसी शेर की दहाड़ जैसी ही होती है। शेर अपनी दहाड़ से प्रतिद्वन्द्वियों को अपने इलाक़े से दूर रहने की चेतावनी देते हैं। नर ओरांग उटान भी अपनी लांग कॉल के ज़रिये दुश्मनों को दूर रहने के लिए आगाह करते हैं जबकि किसी अजनबी ओरांग उटान को डराने के लिए नर और मादा, दोनों ही लो फ्रीक्वेंसी की आवाज़ें निकालते हैं, जिसे 'रोलिंग कॉल' कहा जाता है वहीं माँ अपने बच्चे को ख़तरे से बचाने और जंगल के नियम-क़ायदे सिखाने के लिए अलग-अलग ध्वनियाँ निकालती है।

आमतौर पर नर ओरांग उटान 15 साल की उम्र में परिपक्व हो जाते हैं, लेकिन वे अपनी परिपक्वता वाले चिह्न, जैसे गाल पर आने वाले फ़्लेंग, गले के फूले पाउच, बड़े बाल और लम्बी आवाज़ें, जिसे वे तब तक नहीं निकालते हैं जब तक कि उस विशेष इलाक़े में कोई प्रभुत्वशाली नर मौजूद रहता है।

जैसे ही प्रभुत्वशाली नर वहाँ से कहीं चला जाता है वैसे ही वे अपनी परिपक्वता का प्रदर्शन करने लगते हैं और बहुत तेज़ी से उनके गले के फ़्लेंग निकल आते हैं और वे मादा को आकर्षित करने के लिए लम्बी ज़ोरदार आवाज़ें भी निकालने लगते हैं। मादाएँ भी सुरक्षा के लिए ऐसे प्रभुत्वशाली नरों का साथ पसन्द करती हैं।

मादा ओरांग उटान आमतौर पर 15 साल की उम्र में बच्चे को जन्म देती है और एक बच्चे से दूसरे बच्चे के जन्म के बीच में छह से नौ सालों तक का अन्तर हो सकता है, जो कि किसी भी ग्रेट ऐप में बच्चों के बीच होने वाला सबसे ज़्यादा अन्तर है। मादाओं का गर्भकाल लगभग नौ महीने का होता है, और जन्म के समय बच्चे का वज़न डेढ़ से दो किलोग्राम के बीच होता है। आमतौर पर मादाएँ एक बार में एक ही बच्चे को जन्म देती हैं। ओरांग उटान के जुड़वां बच्चे बहुत ही दुर्लभ होते हैं। नर ओरांग उटान द्वारा मादा के बच्चे की हत्या जैसी घटनाएँ देखने को नहीं मिलती हैं। कुछ अन्य नर वानरों में इस तरह का बर्ताव सामान्य माना जाता है। किसी दूसरे नर से जन्मे मादा के बच्चे को मारने के बाद मादा के साथ अपने बच्चे पैदा करने की सम्भावना को बढ़ाने के लिए वे ऐसा करते हैं, लेकिन ओरांग उटान में इस तरह का व्यवहार (इनफ़ैंटीसाइड) देखने को नहीं मिलता है।

शेरों के झुण्ड में इस तरह के बर्ताव को सबसे ज़्यादा आसानी से समझा जा सकता है। आमतौर पर शेर झुण्ड में रहते हैं, जिसे 'प्राइड' कहा जाता है। इस प्राइड में एक, दो या तीन प्रभुत्वशाली नर होते हैं जबकि बाक़ी मादाएँ या अल्पवयस्क नर होते हैं। झुण्ड की सभी मादाएँ आपस में बहनें या मौसियाँ या नानियाँ यानी रिश्तेदार होती हैं जबकि नर सदस्य बाहर से आते हैं। आमतौर पर झुण्ड में पैदा होने वाले मादा बच्चे तो झुण्ड की सदस्य बनकर आजीवन साथ में बनी रहती हैं, लेकिन वयस्क होने के साथ ही नरों को झुण्ड से बाहर का रास्ता दिखा दिया जाता है। इसके बाद वे किसी बंजारे की तरह जंगल में मटरगश्ती करते रहते हैं। इस दौरान उनका ध्यान सिर्फ़ एक बात पर केन्द्रित रहता है कि किसी भी तरह ज़्यादा से ज़्यादा खाकर वे ख़ूब मोटे-ताज़े और

ताक़तवर हो जायें, अपने ही जैसे किसी अन्य बंजारे शेर को अपना साथी बना लें। फिर साथ मिलकर किसी शेर के झुण्ड पर क़ब्ज़ा कर लें। झुण्ड पर क़ब्ज़ा करने के लिए उसके प्रभुत्वशाली नर को हराना या मारना पड़ता है। बंजारे शेर जब किसी झुण्ड के प्रभुत्वशाली नर को हराकर भगा देते हैं या फिर मार देते हैं तो सबसे पहला काम झुण्ड में पहले से मौजूद बच्चों को मारने का करते हैं। वे सभी बच्चों को चुन-चुन कर मार देते हैं। इससे मादाएँ उन बच्चों की देखभाल की ज़िम्मेदारी से मुक्त हो जाती हैं और फिर से मिलन के लिए तैयार हो जाती हैं। इसलिए शेरों में किसी झुण्ड में मुखिया के हारने या उसकी मौत का मतलब उस झुण्ड में मौजूद सभी बच्चों की भी दर्दनाक मौत ही होता है, लेकिन तरह का बर्ताव ओरांग उटान के प्रभुत्वशाली नरों में देखने को नहीं मिलता है।

माँ ओरांग उटान का अपने बच्चे के साथ अटूट और अनोखा रिश्ता होता है। ओरांग उटान नर बच्चे के पालन-पोषण में कोई भी भूमिका अदा नहीं करते हैं। अक्सर ही देखने में आता है कि मादा ओरांग उटान के साथ उसके नवजात शिशु के साथ-साथ उसका पहले पैदा हुआ बच्चा भी रहता है। माँ ओरांग उटान जब भोजन की तलाश में पेड़ों की एक डाल से दूसरी डाल में झूलती हुई चलती है तो उसका नवजात बच्चा उससे चिपक कर दूध पीता रहता है और सोते समय भी माँ उसे अपने से चिपकाए रखती है। अपनी पैदाइश के चार महीनों तक बच्चा पूरी तरह से अपनी माँ से चिपका रहता है और अलग नहीं होता है जबकि थोड़ा बड़ा होने के साथ-साथ वह अपनी माँ के इर्द-गिर्द रहते हुए भी आस-पास के संसार के बारे में अपनी राय बनाना शुरू करता है। डेढ़ साल की उम्र तक आते-आते ओरांग उटान के बच्चे को भी पेड़ों पर चढ़ना और उससे ऊपर-नीचे होकर गुज़रना थोड़ा-थोड़ा आने लगता है और वह साथ-साथ चलने की कोशिश करता है। दो साल की उम्र तक आते-आते वह अपनी माँ से थोड़ा अलग जाने की भी कोशिश शुरू कर देता है। छह-सात साल की उम्र में वे किशोर हो जाते हैं और ख़ुद अलग होकर जीवन व्यतीत करने लायक भी हो जाते हैं, लेकिन इसके बावजूद वे अपनी माँ के साथ किसी

न किसी प्रकार का सम्बन्ध बनाये रखते हैं। माँ ओरांग उटान आठ साल तक अपने बच्चे की देखभाल कर सकती है जो कि मानवों को छोड़ कर किसी भी स्तनपायी जानवर के लिए सबसे ज़्यादा अवधि है।

ओरांग उटान पेड़ों की ऊँची डालियों पर अपना घोंसला बनाते हैं। इसे बहुत ही सावधानी पूर्वक बनाया जाता है। नन्हे ओरांग उटान को आमतौर पर यह कला अपनी माँ से देख-देखकर सीखनी पड़ती है। जब उनकी माँ पेड़ों पर घोंसला बनाती हैं तो वे उसे बहुत ही ध्यान से देखते हैं और उसकी नकल करने की कोशिश करते हैं। कोई भी ओरांग उटान जब तक अपना घोंसला बनाना नहीं सीख लेता तब तक वह आत्मनिर्भर नहीं हो पाता है। इसलिए किसी ओरांग उटान के लिए यह अपने बलबूते दुनिया में जीने की कला में पारंगत होने जैसा है। कम उम्र से ही ओरांग उटान घोंसला बनाने की नकल करने का प्रयास करने लगते हैं। ज़ाहिर है कि यह छोटे बच्चों की भोली और भोंडी कोशिशों से ज़्यादा कुछ नहीं होता है, लेकिन तीन साल के उम्र तक घोंसला बनाने की कला में सुधार आने लगता है।

किसी पेड़ पर घोंसला बनाने के लिए बहुत सावधानी की ज़रूरत होती है। घोंसला ऐसा होना चाहिये, जिसमें आराम से रात बितायी जा सके। जबकि रात में वह पूरी तरह से सुरक्षित भी होना चाहिये। इसके लिए ओरांग उटान पहले कोई ऐसा पेड़ ढूँढ़ते हैं जिस पर घोंसला बनाया जा सके। फिर वे उसकी डालियों को इस तरह से मोड़ते हैं ताकि एक घोंसले का प्लेटफॉर्म तैयार हो जाये। वे डालियों को एक-दूसरे में इस तरह से फँसा देते हैं कि उससे एक घोंसले का आधार तैयार हो जाता है। इसके बाद वे छोटी पत्तीदार डालियों को फँसाते हैं ताकि वहाँ पर आरामदायक बिस्तर तैयार हो जाये और वे रात आराम से गुज़ार सकें। ओरांग उटान अलग-अलग तरीक़े से अपना घोंसला ज़्यादा से ज़्यादा आरामदायक बनाने की कोशिश करते हैं। इसमें तकिये जैसी संरचना और सिर पर छत जैसी संरचना भी मौजूद हो सकती है। पेड़ों के ऊपर बनाये गये ऐसे ही घोंसले में मादा ओरांग उटान अपने बच्चे को भी जन्म देती है।

अध्याय : 5

पॉम ऑयल की बाढ़ में डूब गया ओरांग उटान का जीवन

ताड़ या पॉम के पेड़ों को भला कौन नहीं जानता है? पॉम परिवार के ही सदस्य नारियल से हम लोगों का सबसे ज़्यादा नजदीकी नाता पड़ता है। कुछ लोगों ने हो सकता है कि ताड़ के फल भी खाए हों। दुनिया भर में पॉम की 2,600 के लगभग प्रजातियाँ पायी जाती हैं। इस परिवार के सदस्यों को ट्रॉपिकल और सबट्रॉपिकल यानी उष्णकटिबन्धीय और उपोष्णकटिबन्धीय जलवायु सबसे ज़्यादा पसन्द आती है। इस जलवायु वाले क्षेत्र में वे दुनिया के कई देशों में पाये जाते हैं। रेगिस्तान से लेकर समुद्र तटों तक उनकी मौजूदगी है और वे एक ख़ास क़िस्म की पारिस्थितिकी का निर्माण करते हैं, लेकिन पॉम का एक पेड़ ऐसा है, जिसके चलते ओरांग उटान की दुनिया तबाह और बर्बाद हो गयी। यह बर्बादी इतनी ज़्यादा है कि आज कोई भी कह सकता है कि पॉम ऑयल की बाढ़ में ओरांग उटान की दुनिया डूब गयी।

ऑयल पॉम ट्री मूल रूप से पश्चिमी और दक्षिण पश्चिमी अफ्रीका का पौधा है। अंगोला से गांबिया के बीच इसे मूल रूप से पाया जाता था। इस प्रजाति का नाम गनीसस है। यह नाम गुएना से लिया गया है। इसी ऑयल पॉम ट्री के फल के गूदे और बीज से पॉम ऑयल निकाला जाता है। माना जाता है कि आज से पाँच हज़ार साल पहले से लोग मिस्र में ऑयल पॉम ट्री से निकले तेल का इस्तेमाल करते रहे हैं। पारम्परिक अफ्रीकी दवाइयों में भी इसके तेल का इस्तेमाल होता था। इस पेड़ की महत्ता को इससे भी समझा जा सकता है कि

नाईजीरिया के दक्षिणी समुद्री तट को पहले पॉम ऑयल कोस्ट भी कहा जाता था। यह नाम यहाँ पर व्यापार करने पहुँचे पहले यूरोपीय व्यापारियों ने दिया था। उस समय व्यापार वस्तु विनिमय के ज़रिये हुआ करता था, लेकिन बाद में यह पौधा इंडोनेशिया और मलेशिया पहुँचा तो इसने ऐसे परिवर्तनों को जन्म दिया, ऐसी छाप छोड़ी, जिसे मिटाना शायद अब कभी भी सम्भव नहीं होगा।

माना जाता है कि ऑयल पॉम के पेड़ को सबसे पहले 1848 में डच लोगों ने जावा द्वीप पर पहुँचाया था, जबकि मलेशिया में यह पेड़ 1910 में पहुँचा। उस समय मलय ब्रिटेन का उपनिवेश हुआ करता था, जबकि आज सबसे ज़्यादा प्रचलित एलीअस गनीसस की प्रजाति पूर्वी नाईजीरिया से वर्ष 1961 में मलेशिया पहुँची। कम्बोडिया में भी इस पेड़ को सजावटी पौधे की तरह लगाने की शुरुआत हुई।

पॉम ऑयल पर निर्भर दुनिया

हो सकता है कि हममें से कई लोग कहें कि वे पॉम ऑयल का इस्तेमाल नहीं करते हैं। दरअसल, भारत में खाद्य तेल के तौर पर सरसों, सोयाबीन और नारियल के तेल का बहुधा इस्तेमाल होता है, जबकि दक्षिण पूर्व के कई देशों में खाद्य तेल के तौर पर सबसे ज़्यादा इस्तेमाल पॉम ऑयल का होता है। इसके बावजूद आज दुनिया में शायद ही कोई ऐसा व्यक्ति होगा जो यह निश्चित होकर कह सके कि वह पॉम ऑयल का इस्तेमाल नहीं करता है। दरअसल, पॉम ऑयल का इस्तेमाल दुनिया भर में ही विविध रूपों में किया जाता है। इसका इस्तेमाल पैकेज्ड फूड में होता है, इसका इस्तेमाल कॉस्मेटिक उत्पादों में होता है, इसका इस्तेमाल टॉयलेटरीज1 में होता है। इसका मतलब है कि हो सकता है कि जो नूडल्स आप खा रहे हैं, उसे बनाने में पॉम ऑयल का इस्तेमाल किया गया हो। हो सकता है कि जो लिपिस्टिक या क्रीम आप इस्तेमाल कर रहे हों, उसे बनाने में पॉम ऑयल का इस्तेमाल किया गया हो या फिर हो सकता है कि जो साबुन और शैंपू आप इस्तेमाल कर रहे हों, उसमें पॉम ऑयल का इस्तेमाल किया गया हो। मोमबत्तियों तक के निर्माण में इनका

उपयोग किया जाता है। इन उत्पादों के पैकेट पर अंकित इंग्रीडिएंट (अवयवों) की सूची देखकर आप इनके बारे में जान सकते हैं।

और यह भी एक सच्चाई है कि पॉम ऑयल पर दुनिया की निर्भरता लगातार बढ़ती जा रही है। इसी के साथ ट्रॉपिकल और सबट्रॉपिकल हिस्सों में ऑयल पॉम ट्री को उगाने के लिए ज़मीन को तैयार करने की क़वायद भी लगातार बढ़ती जा रही है। ऑयल पॉम ट्री को गर्म और नम जलवायु वाला इलाक़ा पसन्द होता है। मलेशिया और इंडोनेशिया के वर्षावनों का इलाक़ा इन पेड़ों के लिए भी आदर्श जलवायु उपलब्ध कराता है। इसी के चलते मलेशिया और इंडोनेशिया में वर्षावनों को काटकर लगातार ही उसे ऑयल पॉम की खेती के उपयुक्त बनाया जा रहा है। यूँ तो अफ़्रीका, एशिया और अमेरिकी महाद्वीप में भी ऑयल पॉम ट्री की खेती की जाती है, लेकिन इंडोनेशिया और मलेशिया ने इस मामले में बाक़ी देशों को बहुत पीछे छोड़ दिया है। दुनिया में होने वाला पॉम ऑयल उत्पादन का 85 फ़ीसदी तक अकेले इन्हीं दोनों देशों में होता है, जबकि रेनफ़ॉरेस्ट रेस्क्यू डॉट ओआरजी की रिपोर्ट कहती है कि ऑयल पॉम प्लांटेशन से धरती की 27 मिलियन हेक्टेयर धरती ढक चुकी है। वित्तीय वर्ष 2018-19 में दुनिया में पॉम ऑयल का उत्पादन 73.5 मिलियन मीट्रिक टन तक पहुँच चुका था। वित्तीय वर्ष 2016-17 में यह उत्पादन 52.32 मिलियन मीट्रिक टन था। इससे समझा जा सकता है कि पूरी दुनिया में पॉम ऑयल की भूख किस कदर बढ़ती जा रही है। और ज़ाहिर है कि इस भूख की क़ीमत जंगलों, वन्यजीवों को और पारिस्थितिकी को ही चुकानी है। वर्ष 2050 तक पॉम ऑयल का उत्पादन 240 मीट्रिक टन तक पहुँचने का अनुमान किया जा रहा है।

इंडोनेशिया और मलेशिया के वर्षा वन पारिस्थितिकी को बनाये रखने में बड़ा योगदान करते हैं। इन वर्षा वनों में रहने वाले न सिर्फ़ ओरांग उटान का जीवन ख़तरे में है, बल्कि सुमात्रन गैंडा, बाघ और हाथी का अस्तित्व भी संकट में पड़ा हुआ है। माना जाता है कि अगर जल्द ही कुछ नहीं किया गया तो इनका अस्तित्व समाप्त हो जायेगा और जो बदलाव पारिस्थितिकी में आयेगा, वो ऐसा होगा कि उसे दोबारा लौटाया जाना सम्भव नहीं होगा। इन वर्षा वनों

में पायी जाने वाली केवल 15 फ़ीसदी प्रजातियाँ ही ऐसी हैं जो ऑयल पॉम के बाग़ों के बीच अपना अस्तित्व बनाये रख सकेंगी। बाक़ी 85 फ़ीसदी प्रजातियों का जीवन समाप्त हो जायेगा।

यहाँ पर एक सवाल और है, जिस पर विचार किया जाना आवश्यक है। कई बार लोग हरे-भरे बाग़ानों और खेतों की हरियाली पर मुग्ध हो जाते हैं, लेकिन तमाम वैज्ञानिक शोध और अनुभव यही बताते हैं कि किसी भी धरती पर साल दर साल सिर्फ़ एक ही प्रकार की फ़सल लिए जाने से उसकी उर्वरता नष्ट हो जाती है। तमाम जगहों पर फ़सल-चक्र को हर नियमित अन्तराल पर बदलने की सलाह दी जाती है। दूसरे, बाग़ान ऊपर से भले ही हरे-भरे हों, लेकिन जैव विविधता के मामले में वे बेजान होते हैं, जबकि धरती के पारिस्थितिक तन्त्र के लिए जैव विविधता का बरक़रार रहना बेहद ज़रूरी है।

कहीं भूख से तो कहीं जलाकर मार दिए गये ओरांग उटान

कुदरत ने भले ही ओरांग उटान को बहुत ही फ़ुरसत से गढ़ा हो। उन्हें जीने के लिए ऐसे हुनर दिए हों, जो किसी और के पास नहीं हैं। भले ही वो पेड़ों पर जीवन बिताने वाले सबसे बड़े स्तनपायी जीव हों और मनुष्य के सबसे नज़दीकी रिश्तेदारों में शामिल हों, लेकिन पॉम ऑयल कम्पनियों को इन सबसे ख़ास मतलब नहीं है। पॉम ऑयल कम्पनियों के लिए ओरांग उटान की हैसियत फसलों को नुकसान पहुँचाने वाले किसी कीड़े-मकोड़े जैसी ही है। ओरांग उटान का जीवन उनके लिए महत्त्व नहीं रखता। उन्हें सिर्फ़ ऑयल पॉम के पेड़ों के बड़े से बड़े बगीचे लगाने हैं, ज़्यादा से ज़्यादा जंगल साफ़ करने हैं, ताकि ज़्यादा से ज़्यादा पॉम के तेल का उत्पादन किया जा सके और हर साल अपने मुनाफ़े में करोड़ों डॉलर का इज़ाफ़ा किया जा सके।

जंगलों को साफ़ किये जाने के चलते ओरांग उटान के पास खाने और रहने की समस्या पैदा हो जाती है। वे भोजन की तलाश में इधर-उधर भटकते हैं। ऐसी हालत में बहुत से ओरांग उटान ऑयल पॉम के बाग़ानों में पहुँच जाते हैं। पॉम ऑयल कम्पनियाँ ऐसे ओरांग उटान को मारने और भगाने में पूरी क्रूरता और बर्बरता से काम लेती हैं। इस तरह की भी ख़बरें हैं कि पॉम ऑयल

कम्पनियों द्वारा शिकारियों के गिरोहों को इस काम के लिए रखा जाता है। ये गिरोह बाग़ानों व आस-पास भोजन की तलाश में फिरने वाले ओरांग उटान को मार देते हैं ताकि कोई ओरांग उटान ऑयल पॉम के बाग़ानों को नुकसान नहीं पहुँचा सके। यहाँ तक कि कई बार वे ओरांग उटान को मारने के बाद उसके कटे हुए हाथ कम्पनियों के सामने इस बात के सबूत के तौर पर पेश करते हैं कि उन्होंने ओरांग उटान को मार दिया। इससे उनका ईनाम पक्का हो जाता है। कई बार ओरांग उटान को ज़िन्दा आग में भी झोंक दिया जाता है। जिस पेड़ पर वे चढ़े होते हैं, उसमें आग लगा दी जाती है। ओरांग उटान के बाल बड़े-बड़े होते हैं। वे जल्दी आग पकड़ लेते हैं। ओरांग उटान इस आग में झुलसकर मर जाते हैं।

माँ ओरांग उटान का अपने बच्चे के साथ बहुत ही ज़्यादा लगाव होता है। वह अपने शरीर से बच्चे को चिपकाए रखती है। अक्सर ही शिकारी माँ ओरांग उटान को मार डालते हैं और उसके बच्चे को छीन लेते हैं। इन बच्चों को वे ऐसे बाज़ारों में बेच देते हैं, जहाँ से उन्हें ख़रीदकर लोग ओरांग उटान को पालतू बना लेते हैं। अपने ही जिस जंगल में ओरांग उटान लाखों सालों के विकास क्रम में जन्मे हैं, उन्हीं जंगलों में उन्हें पकड़ा जाता है और यातनाएं दी जाती हैं। उन्हें पीटा जाता है, उन्हें गोली मार दी जाती है और उन पर पेट्रोल छिड़ककर ज़िन्दा जला दिया जाता है।

शिकारियों और संगठित गिरोहों द्वारा मारे जाने के अलावा जंगल की आग भी ओरांग उटान की मौत का बड़ा कारण साबित होती है। जंगल को साफ़ करने के लिए पॉम ऑयल कम्पनियाँ बड़ी-बड़ी आधुनिक मशीनों का इस्तेमाल करती हैं। नमी और पानी से भरे जंगल को साफ़ करने के लिए यहाँ का पानी बाहर निकाला जाता है और आग लगाकर झाड़-झंखाड़ साफ़ कर दिया जाता है। वर्ष 1997-98 के बीच कालीमंतान के जंगलों में केवल इस तरह से जंगल को साफ़ करने के लिए लगाई आग के चलते ही आठ हज़ार से ज़्यादा ओरांग उटान की मौत हुई और यह सब सिर्फ़ छह महीने के बीच हुआ। एक अन्य अनुमान के मुताबिक़ वर्ष 1999 से 2015 के बीच एक लाख से ज़्यादा ओरांग उटान पॉम ऑयल के बाग़ानों के लिए जंगल साफ़ करने के लिए चलायी गयी क्रूरतम प्रक्रिया के चलते मौत का शिकार बन गये। ओरांग

उटान कभी पूरे दक्षिण पूर्व एशिया और दक्षिणी चीन में भी स्वतन्त्रण विचरण किया करते थे। इंडोनेशिया के जावा द्वीप में भी इनकी मौजूदगी थी, लेकिन अब वे सिर्फ़ सुमात्रा और बोर्नियों में ही सिमट कर रह गये हैं। एक आकलन के मुताबिक़, यहाँ भी एक सदी पहले तक ओरांग उटान की संख्या 2 लाख 30 हज़ार के लगभग थी, लेकिन अब यह संख्या घटकर महज कुछ हज़ार रह गयी है। ओरांग उटान का जीवन पूरी तरह से वर्षा वनों के अस्तित्व पर टिका हुआ है। इन वर्षा वनों का अस्तित्व अगर समाप्त होता है तो ओरांग उटान का जीवन बचना सम्भव नहीं है। कुछ विशेषज्ञों का मानना है कि वर्षा वनों को साफ़ करने की अगर यह रफ़्तार बनी रही और जंगल को काटकर अगर इसी तरह से ऑयल पॉम के बाग़ानों के लिए जगह बनायी जाती रही तो मुश्किल से पच्चीस सालों में ओरांग उटान इस धरती से विलुप्त हो जायेंगे। हाँ, चिड़ियाघरों और रेस्क्यू सेंटर में इनकी मौजूदगी भले बनी रह सकती है, लेकिन वर्षा वनों की ऊपरी मंज़िल पर रहने वाला यह बुद्धिमान प्राणी अपने सहज आवास में नहीं दिखाई देगा।

'इंटरनेशनल यूनियन फ़ॉर कंजर्वेशन ऑफ़ नेचर' के हवाले से दिसम्बर 2021 में जारी नेशनल ज्योग्राफ़िक की एक रिपोर्ट के मुताबिक़ वर्ष 1970 में जिन बोर्नियो ओरांग उटान की संख्या 3 लाख के लगभग थी, वो वर्ष 2016 तक घटकर सिर्फ़ 55 हज़ार के लगभग रह गयी थी जबकि सुमात्रन ओरांग उटान की संख्या लगभग तेरह हज़ार 800 के करीब रह गयी है और टपनौली ओरांग उटान की प्रजाति सिर्फ़ 800 की संख्या पर सीमित हो गयी है।

ओरांग उटान के ख़िलाफ़ होने वाले अपराधों को लेकर भी सरकारों की सक्रियता ख़ास नहीं दिखायी देती। यहाँ तक कि ओरांग उटान पर छर्रे वाली बन्दूक से हमला करने वालों को लेकर भी बहुत ही कम सज़ा दी जाती है या फिर उन्हें सबूतों के अभाव में बरी कर दिया जाता है। 'नेशनल ज्योग्राफ़िक' की यही रिपोर्ट वैज्ञानिक सलाहकार समूह 'बोर्नियो फ़्यूचर एंड द कंज़र्वेशन नॉन प्रॉफ़िट वाइल्ड लाइफ इंपैक्ट' की 2020 की रिपोर्ट को उद्धृत करते हुए कहती है कि ओरांग उटान से सम्बन्धित अपराधों में एक फ़ीसदी से भी कम मामलों में अपराधियों को सज़ा हो रही है। इसके पीछे कारण सिर्फ़ यह है कि सरकार की प्राथमिकता में भी वन और वन्यजीव नहीं हैं। सरकार की

प्राथमिकता में भी सिर्फ़ और सिर्फ़ पॉम ऑयल कम्पनियों के हित हैं। इसके चलते ओरांग उटान के साथ होने वाली क्रूरता और अपराधों को न सिर्फ़ अनदेखा किया जाता है बल्कि सरकारी मशीनरी इस तरह से काम करती है जिससे कॉरपोरेट कम्पनियों के हितों को कोई भी नुकसान नहीं हो, भले ही जंगल तहस-नहस हो जायें और ओरांग उटान का जीवन समाप्त हो जाये।

पॉम ऑयल कम्पनियाँ बहुत बड़ी और दैत्याकार हैं। यही नहीं, उनके आकार में हर साल तेज़ी से बढ़ोत्तरी हो रही है। उनके पास लाखों-करोड़ों रुपये का कारोबार और स्वामित्व है। statista.com के मुताबिक़, वर्ष 2021 में आईओआई ग्रुप और साइम डर्बे प्लांटेशन कम्पनियाँ पॉम ऑयल के कारोबार में शीर्ष पर बनी हुई थीं। इन दोनों ही कम्पनियों का बाज़ार पूंजीकरण (मार्केट कैपिटलाइज़ेशन) 2 हज़ार 808 मिलियन अमेरिकी डॉलर के लगभग रहा था, जबकि तीसरे नम्बर पर मौजूद विलमर इंटरनेशनल लिमिटेड के पास 2 हज़ार 778 मिलियन अमेरिकी डॉलर, चौथे नम्बर मौजूद कुआला लंपुर केपांग के पास 2 हज़ार 459 मिलियन अमेरिकी डॉलर और पाँचवें नम्बर मौजूद गोल्डेन एग्री रिसोर्स के पास 1 हज़ार 153 मिलियन अमेरिकी डॉलर का बाज़ार पूंजीकरण मौजूद था।

ऑयल पॉम के पीछे क्यों पड़ी हुई है दुनिया

यहाँ पर एक स्वाभाविक सवाल यह उठता है कि आख़िर पॉम ऑयल ही खाने पर दुनिया क्यों तुली हुई है? क्यों दुनिया भर में ऑयल पॉम के बाग़ानों को उगाने पर ज़ोर दिया जा रहा है? आपको शायद मालूम हो कि भारत सरकार की ओर से भी ख़ासतौर पर उत्तर पूर्व के राज्यों में ऑयल पॉम के बाग़ान लगाने और पॉम ऑयल के उत्पादन पर ज़ोर दिया जा रहा है। इन बाग़ानों को लगाने पर सरकार की तरफ से सब्सिडी देने और फसल पर न्यूनतम समर्थन मूल्य यानी मिनिमन सपोर्ट प्राइस (एमएसपी) दिए जाने की बात हो रही है। भारत में भी पॉम ऑयल की खेती की ओर रुझान बढ़ रहा है। उत्तर-पूर्व में हमारे देश के सबसे ज़्यादा घने और हरे-भरे वन मौजूद हैं। इन पर भी पॉम ऑयल की बुरी छाया पड़ती दिख रही है।

यूँ तो अलग-अलग कारणों से विशेषज्ञ एक खाद्य तेल के तौर पर पॉम ऑयल को बहुत ज़्यादा अच्छा नहीं मानते हैं, बल्कि इसके लगातार इस्तेमाल से इनसानी सेहत को कई प्रकार के नुकसान पहुँच सकते हैं। विशेषज्ञों का मानना है कि इस तेल में सैचुरेटेड फैट की मात्रा बहुत ज़्यादा होती है और सिर्फ़ एक चम्मच तेल में इतना सैचुरेटेड फैट होता है जितना किसी भी स्वस्थ व्यक्ति को दिन भर में लेने की सलाह दी जाती है। ताज़े पॉम ऑयल की तुलना में ऑक्सीडाइज़्ड पॉम ऑयल के इस्तेमाल के दुष्प्रभाव ज़्यादा हो सकते हैं और दुनिया भर में ज़्यादातर लोग ऑक्सीडाइज़्ड पॉम ऑयल का ही इस्तेमाल करते हैं क्योंकि प्रोसेस्ड फ़ूड में उसी का उपयोग किया जाता है। इस तेल के इस्तेमाल से लीवर, लंग्स, किडनी और हार्ट (यकृत, फेफड़े, गुर्दा और हृदय) को नुकसान पहुँचने की सम्भावना जताई जाती है। हालाँकि हम यहाँ पर इस तेल का इन्सानी सेहत पर पड़ने वाले प्रभावों पर ज़्यादा बात नहीं करेंगे और अपनी बात को पर्यावरण, वन और वन्यजीवों पर ही सीमित रखेंगे।

इसके बावजूद सवाल यह उठता है कि आख़िर पॉम ऑयल के बाग़ानों पर इतना ज़ोर क्यों? जबकि दुनिया के बहुत सारे देशों में सरसों, सोयाबीन और नारियल तेल को बहुतायत में खाद्य तेल के तौर पर इस्तेमाल किया जाता है। इसका सीधा-सा कारण है कि अन्य खाद्य तेलों की तुलना में पॉम ऑयल का उत्पादन सस्ता पड़ता है। इसलिए कम्पनियों को लागत की तुलना में मुनाफ़ा कई गुना ज़्यादा मिलता है। एक रिपोर्ट के मुताबिक़, दुनिया में सबसे ज़्यादा पॉम ऑयल का इस्तेमाल किया जाता है। दूसरे स्थान पर सोयाबीन का तेल है जबकि तीसरे स्थान पर सरसों का तेल है, वहीं चौथा स्थान सूरजमुखी के तेल का है।

नये पौधे लगाये जाने के लगभग चार साल बाद ऑयल पॉम ट्री पर फल आने लगते हैं। इसका फल किसी छुआरे या खजूर के जैसा होता है और गुच्छे में फलता है। फल में गुठली के ऊपर गूदे की एक परत होती है। इसी गूदे को पीस कर पॉम ऑयल निकाला जाता है जबकि इसकी गुठली का तेल भी कुछ अन्य विधियों के ज़रिये निकाला जाता है। गूदे से निकलने वाला तेल और गुठली से निकलने वाला तेल, दोनों ही तमाम तरह के इस्तेमाल में लाए जाते

हैं और दुनिया भर में इनकी माँग है। इन पेड़ों पर वर्ष भर फल आते रहते हैं जबकि माना जाता है कि एक हेक्टेयर के बाग़ान में दस टन तक फल निकलते हैं। सोया, रेपसीड या सूरजमुखी के उत्पादन की तुलना में यह बहुत ज़्यादा है। अन्य खाद्य तेलों की तुलना में सस्ता पड़ने के चलते ही कुछ ही दशकों में यह दुनिया में सबसे ज़्यादा इस्तेमाल होने वाला खाद्य तेल बन गया है।

समाचार एजेंसी 'रॉयटर' द्वारा जारी और 'बिज़नेस स्टैंडर्ड' में 25 अप्रैल 2022 को छपी एक ख़बर पॉम ऑयल पर दुनिया की निर्भरता और उसके दुष्परिणामों की तरफ़ हल्का इशारा करती है। इस वर्ष अप्रैल के महीने में पूरी दुनिया के सामने एकबारगी खाद्य तेलों का संकट खड़ा हो गया था। पॉम ऑयल के उत्पादन पर इंडोनेशिया और मलेशिया का एक प्रकार से एकाधिकार जैसा है। प्रवासी मज़दूरों से सम्बन्धित कुछ समस्याओं चलते वर्ष 2020 और 2021 में पॉम ऑयल के उत्पादन में गिरावट आयी, जिसके चलते इंडोनेशिया में भी पॉम ऑयल के दामों में तेज़ी से बढ़ोत्तरी होने लगी। अपने यहाँ क़ीमतों पर लगाम लगाने के लिए इंडोनेशिया ने जनवरी महीने और मार्च के मध्य में खाद्य तेलों के निर्यात पर रोक लगा दी। इससे पूरी दुनिया में ही खाद्य तेलों का संकट खड़ा हो गया, क्योंकि दुनिया आज खाद्य तेलों के मामले में पॉम ऑयल पर काफ़ी कुछ निर्भर हो चुकी है। चार सबसे ज़्यादा उपयोग किये जाने वाले खाद्य तेलों में पॉम ऑयल, सोयाबीन ऑयल, रेपसीड ऑयल (कैनोला या सरसों का तेल) और सूरजमुखी का तेल शामिल हैं। इसमें भी केवल पॉम ऑयल की हिस्सेदारी 40 फ़ीसदी से ज़्यादा है। यूएस डिपार्टमेंट ऑफ़ एग्रीकल्चर (यूएसडीए) के मुताबिक, इस साल 77 मिलियन टन पॉम ऑयल का उत्पादन होने की सम्भावना है। इसके 60 फ़ीसदी हिस्से का उत्पादन अकेला इंडोनेशिया करेगा जबकि 25 फ़ीसदी हिस्से का उत्पादन मलेशिया करेगा। पॉम ऑयल के बड़े आयातकों में भारत, चीन, पाकिस्तान, बांग्लादेश, मिस्र और केन्या का नाम शामिल है। यूएसडीए के मुताबिक, सामान्य तौर पर भारत में उपयोग किये जाने वाले खाद्य तेलों में 40 फ़ीसदी तक की हिस्सेदारी पॉम ऑयल की है।

वहीं सोयाबीन ऑयल का उत्पादन सबसे ज़्यादा चीन में होता है। अमेरिका, ब्राज़ील व अर्जेंटीना क्रमश: दूसरे, तीसरे और चौथे स्थान पर हैं।

भारत सबसे ज़्यादा सोयाबीन का तेल आयात करने वाले देशों में शामिल है, वहीं रेपसीड ऑयल का सबसे ज़्यादा उत्पादन यूरोप, कनाडा और चीन करते हैं जबकि चीन और अमेरिका इसके सबसे बड़े आयातक देश हैं। वहीं रूस और यूक्रेन दुनिया का 55 फ़ीसदी सूरजमुखी के तेल का उत्पादन करते हैं और निर्यात होने वाले सूरजमुखी के तेल में इनकी हिस्सेदारी 76 फ़ीसदी तक है। चीन, भारत और यूरोप इसके मुख्य आयातक हैं। रूस और यूक्रेन के बीच छिड़े युद्ध के चलते सूरजमुखी के तेल की माँग-आपूर्ति पर भी प्रभाव पड़ा है।

नीचे दी गयी सूची से भी पॉम ऑयल की दुनिया में बढ़ती हिस्सेदारी को समझा जा सकता है–

तेल	**वर्ष 2013-14**	**वर्ष 2021-22**
पॉम ऑयल	57.52	73.87
सोयाबीन ऑयल	45.27	60.24
रेपसीड ऑयल	26.17	28.85
सनफ़्लॉवर सीड ऑयल	14.14	20.47
पॉम करनेल ऑयल	6.58	8.64
पीनट ऑयल	5.68	6.48
कॉटनसीड ऑयल	5.09	5.02
कोकोनट ऑयल	3.34	3.53
ऑलिव ऑयल	2.97	3.19
(**नोट :** आंकड़े statista.com से लिए गये हैं और मिलियन मीट्रिक टन में हैं।)		

अध्याय : 6

वर्षावनों के ज़रिये साँस लेती है धरती

यह धरती वर्षा वनों के ज़रिये साँस लेती है। लाखों सालों के विकास क्रम में कुदरत ने धरती पर कुछ ऐसे करिश्में रचे हैं, जिनकी तुलना कहीं भी मुश्किल है। वर्षा वन या रेन फ़ॉरेस्ट उन्हीं करिश्मों में शामिल है। ये वो जगहें हैं जिन्हें 'पूरी धरती के फेफड़े' कहा जाता है। ये जंगल दुनिया भर में पैदा होने वाले कार्बन को अवशोषित करने और बदले में जीवनदायिनी ऑक्सीजन पैदा करने का काम करते हैं। चिन्ता की बात यह है कि दुनिया के अलग-अलग हिस्सों में स्थित इन वर्षा वनों को आज सबसे ज़्यादा ख़तरे का सामना करना पड़ रहा है। आज स्थिति ऐसी हो गयी है कि इनके अस्तित्व पर ही संकट बन गया है और इस बात की आशंका ज़ाहिर की जा रही है कि आने वाले समय में वर्षा वनों का अस्तित्व शायद बचा नहीं रह सके।

तब दुनिया कैसी होगी? क्या इस धरती पर जीवन इसी तरह फलता-फूलता रहेगा? क्या हम और हमारी यह दुनिया इसी तरह रौनाक़ों से गुलज़ार रहेगी? इसकी सम्भावना बहुत कम है। इस अध्याय में हम वर्षा वनों और उनकी विशेषताओं और धरती के लिए वे कितने ज़्यादा ज़रूरी हैं, इन्हीं विषयों पर बात करेंगे।

उष्णकटिबन्धीय जलवायु यानी ट्रॉपिक में स्थित वर्षावनों को हो वर्षावन का पर्याय माना जाता है। इसलिए हम सबसे पहले इसी की चर्चा करेंगे। ट्रॉपिकल रेन फ़ारेस्ट या उष्णकटिबन्धीय वर्षा वन इस धरती पर इक्वेटर (भूमध्य रेखा) के उत्तर और दक्षिण में ही स्थित हैं। थोड़ा इसे विस्तारित

करें तो यह ट्रापिक ऑफ़ कैंसर (कर्क रेखा) और ट्रापिक ऑफ़ कैप्रीकॉर्न (मकर रेखा) के बीच स्थित हैं। उष्णकटिबन्धीय वर्षा वनों को मोटा-मोटी चार जैव-भौगोलिक हिस्सों में विभाजित किया जाता है। इसमें अफ्रोट्रॉपिकल, ऑस्ट्रेलेशियन, इंडोमलयन-एशियन और न्योट्रॉपिकल शामिल हैं। इसमें भी सबसे ज़्यादा महत्त्वपूर्ण वर्षावन नियोट्रॉपिकल हैं, जिनमें दुनिया भर के वर्षावनों का आधा हिस्सा स्थित है।

यूँ तो अलग-अलग वर्षावनों की विशेषताएँ भी अलग-अलग हैं, लेकिन कुछ ऐसी विशेषताएँ हैं जो ज़्यादातर वर्षावनों में पायी जाती हैं। इन वर्षा वनों में सामान्य तौर पर साल भर में कम-से-कम 200 सेंटीमीटर तक बारिश होती है। वर्षा वनों का एक घना चन्दोवा या कैनोपी होती है। पेड़ों की घनी पत्तियाँ और डालें एक-दूसरे में घुल-मिलकर ऊपर इतनी घनी हो जाती हैं कि जंगल की सतह पर ऐसी जगहें कम होती हैं जहाँ पर सूरज की रौशनी बिना किसी रोक-टोक के पहुँचती हो। सूरज की रौशनी यहाँ पर पत्तियों से छन-छन कर बहुत थोड़ी ही पहुँच पाती है। सूरज की रौशनी पाने के लिए पेड़ों की अलग-अलग प्रजातियाँ एक-दूसरे से होड़ करती रहती हैं, जिसके चलते वे सबसे ऊपर पहुँचने की कोशिश करते हैं। वर्षावनों में 100 फीट से भी ज़्यादा ऊँचे-ऊँचे वृक्ष होते हैं। इन ऊचे पेड़ों की डालियों और पत्तियों में पूरा एक पारिस्थितिक तन्त्र व्याप्त होता है। जीवों और वनस्पतियों की कई प्रजातियाँ इस कैनोपी पर ही रहना पसन्द करती हैं। जैव विविधता के मामले में वर्षावनों को अभूतपूर्व कहा जा सकता है। वर्षावन पूरे ईकोसिस्टम के सन्तुलन को बचाये रखने में महत्वपूर्ण योगदान करते हैं। माना जाता है कि दुनिया भर में पेड़-पौधों द्वारा पैदा होने वाली ऑक्सीजन का 25 से 30 फ़ीसदी तक हिस्सा अकेले वर्षा वन पैदा करते हैं। यह भी महत्वपूर्ण है कि उष्णकटिबन्धीय जंगलों में 229 से 247 अरब टन तक कार्बन जमा है।

ये वर्षा वन दुनिया के कई देशों की सीमाओं में आते हैं। ब्राज़ील, डेमोक्रेटिक रिपब्लिक ऑफ़ कांगो (डीआरसी), इंडोनेशिया, पेरू और कोलम्बिया में वर्षावनों का सबसे बड़ा हिस्सा स्थित है, जबकि बोलीविया,

कैमरून, सेंट्रल अफ्रीकन रिपब्लिक, इक्वाडोर, गैबन, गयाना, भारत, लाओस, मलेशिया, मैक्सिको, म्याँमार, पापुआ न्यू गिनी, रिपब्लिक ऑफ़ कांगो, सूरीनाम और वेनेजुएला में भी वर्षावनों का कुछ-कुछ हिस्सा स्थित है।

वर्षावनों में आमतौर पर जंगलों की पाँच मंज़िलें देखने को मिलती हैं ओवर स्टोरी, कैनोपी, अंडर स्टोरी, श्रब लेयर और ग्राउंड लेवल। जंगल में घनी पत्तियों और डालियों से एक घनी छत तैयार होती है। कैनोपी ज़मीन की सतह से सौ से 130 फ़ीट तक ऊँची हो सकती है। यहाँ तक कि इससे ऊँचे पेड़ भी हो सकते हैं, जिन्हें 'ओवर स्टोरी' कहा जाता है जबकि कैनोपी के नीचे मौजूद पेड़ों के स्तर को 'अंडर स्टोरी' कहा जाता है। इससे नीचे झाड़ीदार पेड़ मौजूद होते हैं जबकि सतह पर अलग तरह की वनस्पतियों को जीवन मिलता है। ज़मीन की सतह से पाँच से 20 फुट की ऊँचाई पर अंडर स्टोरी मौजूद होती है।

वर्षा वनों की जैव विविधता

1. उष्णकटिबन्धीय वर्षावन दुनिया में सबसे ज़्यादा जीवों को पर्यावास मुहैया कराते हैं। धरती की सतह के सिर्फ़ दो फ़ीसदी पर ही वर्षा वन स्थित हैं, लेकिन यहाँ पर वनस्पतियों और जीवों की पचास फ़ीसदी से ज़्यादा प्रजातियाँ रहती हैं। एक ख़ास क़िस्म की जलवायु के चलते वर्षा वन बेहद महत्वपूर्ण हो जाते हैं। भूमध्य रेखा के 10 डिग्री उत्तर और 10 डिग्री दक्षिण में स्थित होने के चलते वे सबसे ज़्यादा सूरज की रौशनी ग्रहण करते हैं। प्रकाश संश्लेषण (फ़ोटोसिंथेसिस) की प्रक्रिया के ज़रिये पेड़ सूरज की रौशनी को ऊर्जा में बदल कर देते हैं। चूँकि यहाँ पर बहुत ज़्यादा धूप है, इसलिए यहाँ पर ऊर्जा भी बहुत ज़्यादा है। यह एनर्जी पेड़-पौधों के अन्दर संरक्षित रहती है। इसे ही तमाम जीव खाते हैं। इसलिए प्रचुरता में मौजूद यह ऊर्जा बहुत ही बड़े पैमाने पर पेड़ों और जीवों के रहने के लिए सबसे मुफ़ीद जगह का निर्माण करती है।

2. वर्षा वनों की ऊपरी छत यानी चन्दोवा या कैनोपी पेड़ों को बढ़ने के लिए बहुत सारी जगहें मुहैया कराती है जबकि जानवरों के रहने के लिए भी

यह बहुत ही अच्छे पर्यावास का निर्माण करते हैं। कैनोपी में खाने के स्रोत होते हैं, रहने की जगह होती है, छिपने के स्थान होते हैं। यहाँ पर रहकर वे अलग-अलग प्रजातियों के भी सम्पर्क में आ सकते हैं। इस कैनोपी में कुछ ऐसे पौधे भी शामिल होते हैं, जिन्हें 'ब्रोमेलिएड्स' कहा जाता है। ये पौधे अपने पत्तों में पानी को जमा कर लेते हैं। मेढक और अन्य जीव पत्तों के बीच जमा पानी का इस्तेमाल अंडे देने या फिर उसके ज़रिये शिकार करने में करते हैं।

3. वर्षा वनों के पारिस्थितिक तन्त्र में प्रचुर मात्रा में मौजूद ऊर्जा का यह मतलब नहीं है कि प्रजातियों के लिए यहाँ की ज़िन्दगी आसान होती है। प्रजातियों को इस ऊर्जा को हासिल करने के लिए कड़ा मुक़ाबला करना पड़ता है। वास्तव में देखा जाये तो वर्षा वन ऐसी जगहें होती हैं जहाँ पर प्राणियों को एक-दूसरे से मुक़ाबले के लिए, जीवन यापन के लिए, अपने अस्तित्व को बचाये रखने के लिए तमाम तरीके अख़्तियार करने पड़ते हैं। इसीलिए करोड़ों साल के विकास क्रम में वे जीवन जीने के अलग-अलग हुनर के साथ विकसित हुए हैं। सभी प्रजातियाँ जीने के लिए अलग तरह से माहिर हुई हैं और अपने विशिष्ट हुनर में उन्होंने विशेषज्ञता हासिल की है। यही हुनर उन्हें पोषण और प्रजनन में मदद करता है। यूँ तो प्राणियों के बीच एक-दूसरे के ऊपर निर्भरता वाले सिमबॉयटिक सम्बन्ध यानी अपना अस्तित्व बचाये रखने के लिए दूसरी प्रजातियों पर परनिर्भरता वाले सम्बन्ध हर कहीं दिखायी देते हैं, लेकिन वर्षा वनों में यह जैविक परिघटना सबसे ज़्यादा प्रचुर रूप में दिखायी देती है।

नदियों को भी मिलता है जीवन

वर्षा वनों के चलते ही दुनिया की कई सबसे बड़ी नदियों का अस्तित्व बना हुआ है। इसमें एमेजॉन, मेकांग, नेग्रो, ओरीनोको और कांगो नदी का नाम शामिल है। ये विशालकाय नदियाँ सैकड़ों छोटी-बड़ी सहायक नदियों, बरसाती नालों व जलस्रोतों से मिलकर बनी होती हैं। यह इससे भी समझा जा सकता है कि एमेजॉन नदी की 1,100 के लगभग सहायक नदियाँ हैं। इनमें से 17 तो इतनी बड़ी हैं कि एक हज़ार मील से ज़्यादा लम्बा सफर तय करके वे एमेजॉन

नदी में मिलती हैं। जंगल की तरह ही वर्षावनों का पानी भी जैव विविधता के मामले में बहुत ज़्यादा समृद्ध होता है। केवल एमेजॉन बेसिन के पानी में ही मछलियों की 5,600 से ज़्यादा प्रजाति की पहचान अब तक की जा चुकी है, लेकिन जंगल की तरह ही इन नदियों पर भी तमाम तरह के संकट छाए हुए हैं। इसमें बाँधों के निर्माण, जंगलों की कटाई, नदियों के रुख मोड़ने और गाद जमा होने, खनन और बहुत ज़्यादा मछलियों को पकड़ने जैसे ख़तरे शामिल हैं।

जनजातीय समूहों का जीवन भी निर्भर

वर्षावन जंगल में रहने वाले अलग-अलग जनजातीय और आदिवासी समूहों के लिए भी बेहद महत्वपूर्ण हैं। इन जनजातियों ने वर्षा वनों में रहने के हिसाब से अपने आप को ढाल रखा है। पिछले कुछ सालों में बहुत से जनजातीय समूहों ने आधुनिक जीवन शैली को अपनाना शुरू कर दिया है। इसके पीछे कहीं सरकारों का दबाव रहा है तो कहीं उन्होंने स्वेच्छा से भी इसकी तरफ़ अपना रुझान किया है, जबकि कुछ अभी भी ऐसे हैं जो शहरीकरण से दूर अपनी पारम्परिक जीवनशैली में ही रहना पसन्द करते हैं। एमेजॉन के जंगलों में सबसे ज़्यादा संख्या में जनजातीय समूह निवास करते हैं। हालाँकि, आधुनिक जीवन शैली अलग-अलग तरीक़ों से इन समूहों में भी प्रविष्ट हो रही है।

वर्षों के विकास-क्रम में कुछ जनजातीय समूहों ने अपने आप को घने वर्षा वनों में रहने के हिसाब से ज़्यादा ढाल लिया है। अफ्रीका के कांगो बेसिन में रहने वाले पिग्मी जनजाति के लोग कुछ इसी प्रकार से जंगलों में रहने के हिसाब से ढल चुके हैं। पिग्मी लोगों की लम्बाई कम होती है। पिग्मी पुरुषों की सामान्य तौर पर लम्बाई पाँच फुट से कम ही होती है। कम ऊँचाई के चलते घने जंगलों में तेजी से दौड़ने-भागने में उन्हें आसानी होती है। वे अपने जंगलों के हिसाब से ज़्यादा अनुकूलित साबित होते हैं। इन समूहों में बहुत ही कम लोग ऐसे होते हैं, जिनकी लम्बाई पाँच फुट से ज़्यादा होती है। न्यू गिनी और अंडमान द्वीप समूहों में भी जंगल में रहने वाले ऐसे जनजातीय समूहों के कुछ लोग अभी भी अपनी पारम्परिक जीवन शैली जीते हुए रह रहे हैं।

जनजातीय समूहों के अस्तित्व के लिए वर्षावन कितने ज़्यादा ज़रूरी हैं, इसका अन्दाज़ा अगस्त 2022 के अन्त में आयी ख़बर से भी लगाया जा सकता है। इस ख़बर ने पूरी दुनिया के लोगों का ध्यान अपनी ओर खींचा। इस ख़बर में बताया गया कि ब्राज़ील के घने जंगलों में रहने वाले दुनिया के सबसे अकेले आदमी की मौत हो गयी है। यह आदमी ब्राज़ील के जंगलों में रहता था और अन्दाज़ा है कि लगभग तीस सालों से वह अकेला ही जीवन यापन कर रहा था। उसकी भाषा बोलने वाले और उसके जैसी जीवन शैली वाला कोई भी व्यक्ति जीवित नहीं रह गया था। जंगल में वह अपनी अजीबोग़रीब तकनीकों क़े ज़रिये शिकार करके या खाना ढूँढ़कर अस्तित्व बचाने की कोशिश में लगा हुआ था। शिकार फँसाने के लिए कभी वह गड्ढे करता और कभी उन गड्ढों में ख़ुद ही सो जाता। अगस्त के महीने में वह अपनी झोंपड़ी के पास मृत मिला। कहा जाता है कि जिस इलाक़े में वह रहता था, वहाँ पर पहुँची विकास परियोजनाओं ने उसके कबीले के बाक़ी लोगों की जान ले ली थी, जिसके बाद से ही वह अकेला था। वह इतना ज़्यादा अकेला था कि उसे दुनिया का सबसे अकेला व्यक्ति भी कहा जाता था और जब वह गुज़र गया तो बाक़ी दुनिया के लोगों को उसके अकेलेपन के बारे में पता चला।

ख़तरे में हैं वर्षावन

दुनिया भर के वर्षावनों पर ख़तरा छाया हुआ है। एक अनुमान के मुताबिक, अमेरिका के न्यू जर्सी शहर के बराबर वर्षा वन या तो हर साल काटे जा रहे हैं या फिर मानव गतिविधियों के चलते बर्बाद हो रहे हैं। दुनिया भर में इन्सान की ज़रूरतें खत्म नहीं हो रही हैं। ज़रूरतें हज़ार हैं और इन सब के लिए वर्षा वनों को काटा जा रहा है। इमारती और जलाऊ लकड़ी के लिए उन्हें काटा जा रहा है, छोटे और बड़े खेती कार्यों के लिए उन्हें साफ़ किया जा रहा है। बड़े पैमाने पर होने वाले पशुपालन के लिए जंगलों को साफ़ कर पशुओं के लिए चरागाह तैयार किये जा रहे हैं। जंगलों को ऑयल पॉम ट्री, रबर और काग़ज़ बनाने के लिए वुड पल्प के बाग़ानों के लिए साफ़ किया जा रहा है। सड़क, रेल लाइन और खनन के लिए उन्हें काटा जा रहा है।

ख़ास बात यह है कि कृषि कार्यों और जीवन यापन के लिए लोग सदियों से जंगलों पर निर्भर रहे हैं और जंगलों को काटकर उन्हें खेतों में तब्दील करने का काम भी किया जाता रहा है, लेकिन अब यह काम पहले से कई गुना ज़्यादा बड़े पैमाने पर किया जा रहा है। बहुत बड़ी कम्पनियाँ जंगलों को साफ़ करने में लगी हुई हैं। इन कम्पनियों के पास हज़ारों करोड़ रुपये की पूंजी है। उनके पास अत्याधुनिक मशीनें हैं, जो बहुत ही कम समय में जंगल के बड़े-बड़े हिस्सों को नेस्तनाबूद कर देती हैं। उनके पास सत्ता और सरकारों में ऊँची-ऊँची पहुँच है, जो उनके आगे आने वाली हर रुकावट और बाधा को दूर कर देती है। वे हज़ारों करोड़ रुपये का निर्यात करते हैं। इसलिए इस अन्तर को बहुत ही साफ़ तौर पर समझा जा सकता है कि एक ग़रीब किसान जब अपने भरण-पोषण के लिए जंगल साफ़ करता है और जब एक कॉरपोरेट अपने मुनाफ़े के लिए जंगल को साफ़ करता है, तो उसमें कितना बड़ा अन्तर होता है कॉरपोरेट कम्पनियों के मुनाफ़े की यह मार दुनिया भर के ही वर्षा वनों पर बहुत भारी पड़ रही है।

इसके अलावा, जलवायु परिवर्तन के चलते हो रहे बदलावों से भी वर्षा वनों पर ख़तरा मँडरा रहा है। जलवायु परिवर्तन के चलते एमेज़ॉन और दक्षिण पूर्व एशिया के वर्षावनों के कुछ हिस्से सूखे का सामना करने लगे हैं। सूखे की स्थिति के चलते ज़मीन पर गिरी पत्तियाँ भी सूखी रहती हैं और इससे जंगल में आग लगने का ख़तरा बहुत ज़्यादा बढ़ जाता है। यह आग आमतौर पर जंगल को साफ़ करने के लिए कॉरपोरेट कम्पनियों या उनसे जुड़ी संस्थाओं द्वारा लगाई जाती है, लेकिन जंगल के सूखे होने की स्थिति में यह आग ज़ोर पकड़ लेती है और जल्द ही बेकाबू होकर जंगल के बड़े हिस्से को अपनी चपेट में ले लेती है।

जल-चक्र को बरक़रार रखते हैं वर्षावन

वर्षावन जल-चक्र को बरक़रार रखने में महत्वपूर्ण भूमिका अदा करते हैं। प्रकाश संश्लेषण की प्रक्रिया के दौरान पौधे अपनी पत्तियों से वाष्प छोड़ते हैं। इस प्रक्रिया को 'वाष्पोत्सर्जन' (Transipiration) कहा जाता है। यह काफ़ी

कुछ वैसा ही है, जैसे हम इन्सान गर्मी में पसीना छोड़ते हैं। पौधों के जीवन के लिए पानी बेहद आवश्यक है, लेकिन जितना पानी वे अपनी जड़ों के माध्यम से ज़मीन से ग्रहण करते हैं, उसका बहुत ही छोटा हिस्सा ही उनके विकास में इस्तेमाल होता है। पानी की बाक़ी मात्रा वे अपनी पत्तियों, फूलों और तनों के माध्यम से वाष्पोत्सर्जन के ज़रिये निकाल देते हैं। पौधों से निकलने वाली यह वाष्प बाद में बारिश वाले बादलों का निर्माण करती है जो कि फिर से संघनित होकर वर्षा वनों में ही बरस जाते हैं। एमेजॉन में 50 से लेकर 80 फ़ीसदी तक नमी इसी तरह के चक्र से जंगल में ही बनी रहती है। अगर इन जंगलों को काट दिया जाता है तो यह जल-चक्र भी प्रभावित होगा। वातावरण में नमी कम जायेगी और इसके चलते बारिश भी कम होगी। सूखे का ख़तरा और भी ज़्यादा बढ़ जायेगा। वैश्विक मौसम पैटर्न पर भी वर्षावनों की महत्वपूर्ण भूमिका होती है। अलग-अलग शोध बताते हैं कि दक्षिण अमेरिका के जंगल उत्तरी अमेरिका में होने वाली बारिश को भी प्रभावित करते हैं जबकि दक्षिण-पूर्व एशिया के जंगल दक्षिण-पूर्वी यूरोप और चीन में बारिश की गतिविधियों को प्रभावित करते हैं। वर्षावनों के नहीं रहने पर तमाम जगहों पर वर्षा की गतिविधियाँ प्रभावित होंगी और इसका सीधा असर किसानों की आजीविका पर पड़ेगा और पैदावार कम होने का ख़ामियाज़ा बहुत बड़ी आबादी को भुगतना पड़ेगा। इस तरह से देखा जाये तो वर्षावनों पर चलने वाले कुल्हाड़े न सिर्फ़ ओरांग उटान को ही दर-ब-दर कर रहे हैं, बल्कि वे इन्सानों की आबादी के बड़े हिस्सों को भी प्रभावित करने वाले हैं।

अध्याय : 7

प्राईमेट ख़ानदान

इस जगह पर आकर अब ज़रूरी हो जाता है कि हम थोड़ा अपने परिवार और ख़ानदान की बातें भी कर लें। लाखों सालों तक चले जैव विकास के क्रम में कुदरत ने ऐसे-ऐसे करिश्मे गढ़े हैं, जिसकी कोई अन्यत्र मिसाल मिलना मुश्किल है। यहाँ पर खुर वाले और चरने वाले जानवरों का पूरा परिवार मौजूद है, तो लगभग पूरी तरह से माँस पर निर्भर बिल्लियों का भी पूरा ख़ानदान है। ऐसे ही जंगलों ने प्राईमेट को भी गढ़ा है। यह स्तनपायी जीवों का एक विशेष परिवार है। प्राईमेट यानी नर वानर। माना जाता है कि प्राईमेट का विकास 85 से 55 मिलियन सालों पहले हुआ होगा। उस समय ज़मीन पर रहने वाले किसी छोटे स्तनपायी जीव ने अपने आप को उष्णकटिबन्धीय जंगलों के पेड़ों पर रहने के अनुसार ढाल लिया होगा। बाद के विकास क्रम में प्राईमेट परिवार में तमाम अलग-अलग प्रजातियों का विकास हुआ। इस परिवार में 9.2 सेंटीमीटर की लम्बाई और 30 ग्राम वज़न वाला मैडम बर्थेस माउस लीमर है तो 200 किलोग्राम तक के वज़न वाला गुरिल्ला भी इस परिवार का सदस्य है। दुनिया भर में प्राईमेट की 500 सौ से ज़्यादा प्रजातियाँ हैं। इनमें से कुछ प्रजातियाँ तो ऐसी हैं, जिनके बारे में अभी हाल-हाल तक दुनिया को पता नहीं था।

बहुत ही ज़्यादा विविधता से भरे प्राईमेट परिवार को शुरुआती चरण में दो भागों में बाँट लिया जाता है। इसमें एक तरफ तो स्ट्रेपसरहाइंस हैं, जिनमें लीमर, गलाकाओस और लोरीसाइड जैसी प्रजातियाँ हैं तो दूसरी तरफ हैपलोरहाइंस

हैं, जिसमें मुख्यतः टारसियर्स और सीमियंस शामिल हैं। सीमियंस में बन्दर (मंकी), कपि (एप) और मानव (ह्यूमन) शामिल हैं।

जंगल और पेड़ों पर जीवन के अनुसार प्राईमेट ने अपने अन्दर ऐसी ख़ासियतें पैदा की हैं, जिसके चलते उन्हें जीवों के अन्य परिवारों से अलग रखा जाता है। पेड़ों पर जीवन यापन करना या पेड़ों पर अपने जीवन का एक बड़ा हिस्सा बिताना एक चुनौतीपूर्ण काम है। इसके अनुकूल बनने में इनके शरीरों में कई बदलाव हुए। अन्य स्तनपायी जीवों की तुलना में प्राईमेट्स का मस्तिष्क उनके शरीर के अनुपात में ज़्यादा बड़ा होता है। ज़्यादा तेज और छोटी चीज़ों को भी ज़्यादा बारीकी से देख पाने वाली आँखें, अलग-अलग रंगों को देख पाने की क्षमता, कन्धों के विशेष प्रकार के जोड़, जिनकी वजह से हाथ ज़्यादा अच्छी तरह से घूम पाते हैं, ज़्यादा कुशल हाथ आदि प्राईमेट्स मुख्य विशेषताएँ हैं।

ज़्यादातर स्तनपायी जीवों के लिए सूँघने की क्षमता (घ्राण शक्ति) उनके लिए बेहद महत्वपूर्ण होती है। अन्य ज्ञानेन्द्रियों की तुलना में वे घ्राण शक्ति का इस्तेमाल सबसे ज़्यादा करते है, लेकिन प्राईमेट की आँखें ही उसकी मुख्य ज्ञानेन्द्रिय होती हैं। इसकी तुलना में घ्राणशक्ति का इस्तेमाल कम होता है और इसी अनुसार तुलनात्मक तौर पर सूँघने की क्षमता भी कम होती है। अलग-अलग प्राईमेट्स में भी यह क्षमताएँ अलग-अलग देखने को मिलती हैं। बन्दर और कपि में ये क्षमताएँ सबसे ज़्यादा विकसित रूप में देखने को मिलती हैं तो लोरिसेस और लीमर में इनका विकास तुलनात्मक तौर पर कम हुआ होता है। गुरिल्ला, मानव और बबून बन्दर जैसे कुछ प्राईमेट्स ऐसे हैं जो पेड़ों पर रहने की तुलना में ज़मीन पर रहना पसन्द करते हैं, लेकिन प्राईमेट परिवार के अन्तर्गत आने वाली सभी प्रजातियों में पेड़ों पर चढ़ने के अनुसार अनुकूलन मौजूद है। उनके शरीर में वे सारी ख़ासियतें मौजूद हैं, जिनके ज़रिये वे पेड़ों पर चढ़ सकते हैं। एक पेड़ से दूसरे पेड़ पर जाने, डालियों को पकड़ कर झूलने, उछलकर एक डाल से दूसरी डाल को पकड़ने, पेड़ों की डालियों पर भागने, उछल-उछल कर चलने जैसे अलग-अलग तरीके वे एक जगह से दूसरी जगह पर जाने के लिए आज़माते हैं।

प्राईमेट सबसे ज़्यादा सामाजिक जीव भी होते हैं। अलग-अलग प्राईमेट प्रजातियाँ अलग-अलग क़िस्म के सामाजिक बन्धनों में बँधी होती हैं। कुछ प्रजातियाँ जोड़े या परिवार बनाती हैं। कुछ में एक प्रमुख नर के इर्द-गिर्द कई मादाएँ, अवयस्क नर और बच्चे होते हैं और इनसे मिलकर झुण्ड बनता है, तो कुछ प्राईमेट प्रजातियाँ कई-कई नर और कई-कई मादाओं वाले समूह में रहती हैं। अन्य स्तनपायी जीवों की तुलना में प्राईमेट में बढ़ने की दर भी धीमी होती है। इसीलिए पूरी तरह से परिपक्व या वयस्क होने में भी उन्हें समय लगता है और उनकी उम्र भी ज़्यादा होती है। अन्य जीवों की तुलना में प्राईमेट सबसे ज़्यादा बुद्धिमान होते हैं और मानव से इतर प्राईमेट की भी कुछ प्रजातियाँ औज़ारों का इस्तेमाल करती हैं। एक-दूसरे के साथ संवाद कायम करने के लिए वे अपने चेहरे की अलग-अलग भंगिमाओं, हाथों के संकेतों, सूँघने की क्षमता और अलग-अलग तरह की आवाज़ों का प्रयोग करते हैं।

अध्याय : 8

इन्सानों के रिश्तेदार

विशालकाय प्राईमेट परिवार के बाद अब हम इन्सानों के सबसे नज़दीकी रिश्तेदारों की बात करेंगे। कपि या बनमानुष हमारे सबसे नज़दीकी रिश्तेदार हैं। माना जाता है कि हम इन्सानों और कपियों के जीन 95 से लेकर 98 फ़ीसदी तक एक जैसे हैं यानी कोई भी इन्सान 95 से लेकर 98 फ़ीसदी तक कपियों जैसा है या फिर कोई भी कपि 95 से लेकर 98 फ़ीसदी तक इन्सानों जैसा है। कपि या एप (ape) या होमीनॉयड (Hominoidea) हम इन्सानों के सबसे ज़्यादा करीब हैं। यह उनकी मानवनुमा शरीर रचना, औज़ारों का इस्तेमाल करने की उनकी क़ाबिलियत, बुद्धिमत्ता का स्तर और सामाजिक व पारिवारिक गठन से भी समझा जा सकता है। इस अध्याय में हम इन्सानों के सबसे क़रीबी रिश्तेदारों यानी कपियों की बात करेंगे।

शरीर के आकार और उनकी शारीरिक व बौद्धिक क्षमताओं के आधार पर एप को दो प्रमुख शाखाओं में विभाजित किया जाता है ग्रेट एप और लेसर एप। इसमें एक तरफ तो हाइलोबैटिडा हैं, जिसे उनके छोटे आकार के चलते 'लेसर' एप कहा जाता है। इसमें गिब्बन की अलग-अलग प्रजातियों को शामिल किया जाता है। गिब्बन की ये सभी प्रजातियाँ एशिया महाद्वीप में रहती हैं। वे ज़्यादातर समय पेड़ों पर रहते हैं और ज़मीन पर दोनों पैरों पर चलते हैं। ग्रेट ऐप की तुलना में उनके शरीर छोटे होते हैं और वे छोटे सामाजिक समूहों में भी रहते हैं। इनके छोटे आकार को इससे भी समझा जा सकता है कि सबसे बड़े आकार का सिआमाँग गिब्बन भी सबसे छोटे आकार

के ग्रेट एप से छोटा होता है। सिआमाँग का औसत वज़न 14 किलोग्राम तक का होता है जबकि इसकी तुलना में बोनोबो 34 से लेकर 60 किलो तक के होते हैं।

एप की दूसरी शाखा होमीनिडे (Hominidae) है जिसे, 'ग्रेट' एप कहा जाता है। इसमें ओरांग उटान की तीन प्रजातियों, गोरिल्ला की दो प्रजातियों और पेनिन की दो प्रजातियों (बोनोबो और चिम्पैंजी) और मानवों की एकमात्र बची हुई प्रजाति को शामिल किया जाता है। अलग-अलग शोध बताते हैं कि मानव से इतर ग्रेट एप अपने नैसर्गिक वातावरण में अलग-अलग सामाजिक संचरनाओं में जीते हैं। गिब्बन मोनोगेमस (Monogamous) होते हैं यानी वे हमेशा के लिए जोड़ा बनाते हैं और एक ख़ास इलाक़े में रहना पसन्द करते हैं जबकि ओरांग उटान मूलतः एकाकी स्वभाव वाले जीव होते हैं। गोरिल्ला छोटे समूह में रहते हैं, जिनका मुखिया एकमात्र परिपक्व नर होता है जबकि चिम्पैंजी ज़्यादा बड़े समूह में रहते हैं। वहीं, यौन सम्बन्धों के मामले में बोनोबो ज़्यादा स्वच्छन्द होते हैं और उनके कई-कई साझीदार हो सकते हैं।

इसी प्रकार से उनकी आहार सूची भी अलग-अलग होती है। गोरिल्ला को 'फोलियोवोरस' (Foliovores) कहा जाता है। उनके भोजन का ज़्यादातर हिस्सा वनस्पतियों के पत्ते, डंठल, तने, छाल, तने के गूदे आदि का होता है। इसके साथ ही वे फल और अन्य खाद्य भी खाते हैं जबकि बाक़ी ग्रेट एप को 'फ्रूगीवोरस' (Frugivores) कहा जाता है यानी उनके खाने का ज़्यादातर हिस्सा फलों का होता है और इसके साथ ही वे थोड़ा-बहुत अन्य खाद्य भी खाते हैं। मानव से इतर ग्रेट एप सामान्य तौर पर थोड़ी मात्रा में माँसाहार भी करते हैं, जिसमें छोटे कीट और अंडे आदि शामिल होता है जबकि इनमें से चिम्पैंजी ऐसे हैं जो माँसाहार के लिए शिकार भी करते हैं।

इस अध्याय में हम आगे इन्सानों के सबसे करीबी रिश्तेदारों और उनकी ख़ासियतों के बारे में थोड़ी बातें करेंगे। ओरांग उटान के बारे में काफ़ी कुछ कहा जा चुका है, इसलिए यहाँ पर मुख्यतः चिम्पैंजी, बोनोबो, गुरिल्ला और गिब्बन के बारे में बात की जायेगी।

चिम्पैंजी

चिम्पैंजी को हम इन्सानों का सबसे ज़्यादा करीबी रिश्तेदार माना जाता है। माना जाता है कि जेनेटिक तौर पर वे हम इन्सानों से 98 फ़ीसदी तक मिलते-जुलते हैं। इन्सानों के अलावा बाक़ी ग्रेट एप में भी ये सबसे ज़्यादा समझदार होते हैं। चिम्पैंजी अफ्रीका के उष्णकटिबन्धीय जंगलों में रहते हैं। चेहरे के अलावा उनके पूरे शरीर पर काले बाल होते हैं। चेहरे पर बाल आमतौर पर कम होते हैं। एक वयस्क चिम्पैंजी नर 40 से 70 किलोग्राम और एक वयस्क चिम्पैंजी मादा 27 से 50 किलोग्राम तक वज़नी हो सकती है। खड़े होने पर उनकी लम्बाई 120 से 150 सेंटीमीटर तक हो सकती है। चिम्पैंजी आमतौर पर छोटे-बड़े समूह में रहते हैं। उनके समूह में 15 से लेकर 150 तक सदस्य हो सकते हैं। हालाँकि वे अकेले घूमते या छोटे समूहों में घूमते हुए भी दिख सकते हैं। पूरे समूह में नरों का दबदबा होता है और झगड़े आमतौर पर बहुत ज़्यादा हिंसा के बगैर सुलझाए जाते हैं। ज़्यादातर चिम्पैंजी औज़ारों का इस्तेमाल करना जानते हैं और वे लकड़ियों में सुधार करके, पत्थर के टुकड़े, घास और पत्तियों का इस्तेमाल शिकार, शहद प्राप्त करने, दीमक और चीटियों को बिल से निकालने, बीजों (नट) को तोड़ने आदि में करते हैं। छोटे स्तनपायी जीवों का शिकार करने के लिए लकड़ी के सिरे को भाले की तरह नुकीला बनाने का प्रयास भी चिम्पैंजी करते हैं। चिम्पैंजी में गर्भकाल आठ महीनों का होता है। बच्चे आमतौर पर तीन साल तक अपनी माँ के साथ रहते हैं। इसके बाद के भी कुछ वर्षों में वे अपनी माँ के साथ नज़दीकी सम्बन्ध बनाये रखते हैं। माना जाता है कि अफ्रीका के जंगलों में उनकी संख्या एक लाख 70 हज़ार से लेकर 3 लाख तक हो सकती है। पर्यावास खत्म होना, शिकार और बीमारियों से उन्हें सबसे ज़्यादा ख़तरा है। इसके अलावा उन्हें पालतू बनाकर रखने का भी चलन रहा है। इससे भी जंगलों में उनकी तादाद को ख़तरा है।

गुरिल्ला या ओरांग उटान की तुलना में चिंपैंजियों ने अपने पर्यावास के लिहाज़ से ख़ुद को ज़्यादा अनुकूलित किया हुआ है। वे पेड़ों और सूखी ज़मीन, दोनों पर ही रहना पसन्द करते हैं और अलग-अलग समय की ज़रूरत के

हिसाब से अपने पर्यावास का इस्तेमाल करते हैं। पेड़ों के तने पर सीधे चढ़ने के साथ-साथ वे डालियों पर झूल-झूलकर आगे बढ़ने में भी माहिर होते हैं जबकि ज़मीन पर वे अगले हाथों का सहारा लेते हुए और बीच-बीच में दो पैरों के सहारे खड़े होकर भी चलते हैं। पैरों की तुलना में उनके हाथ लम्बे होते हैं और जांघ तक पहुँचते हैं। चिंपैंजियों को सबसे ज़्यादा फल खाना पसन्द होता है। उनके आहार का ज़्यादातर हिस्सा अलग-अलग क़िस्म के पेड़ों के फलों से बना होता है हालाँकि इसके अलावा वे कोमल पत्तियों, पतली टहनियों आदि को भी खाते हैं जबकि, शहद, छोटे कीट और अंडे भी उनके आहार में शामिल हैं।

चिम्पैंजी छोटे प्राईमेट जीवों का शिकार भी माँसाहार के लिए करते हैं। शिकार के लिए वे किसी संगठित टीम की तरह काम करते हैं। पेड़ पर किसी बन्दर या अन्य प्राईमेट को वे योजनाबद्ध तरीक़े से ऐसी जगह पर ले जाते हैं जहाँ पर पेड़ों की कैनोपी आपस में जुड़ी हुई नहीं होती है और बन्दर एक डाल से उछलकर दूसरी जगह पर नहीं जा पाता है। ऐसी जगह पर घेरकर उसका शिकार किया जाता है और शिकार में शामिल होने वाले सभी चिंपैंजियों में शिकार के हिस्से बाँट लिए जाते हैं। शिकार में आमतौर पर नर चिम्पैंजी ही शामिल होते हैं। मादाएँ इससे अलग रहती हैं। हालाँकि शिकार करना चिंपैंजियों के जीवन में कोई रोज़मर्रा होने वाली चीज़ नहीं है। यह यदा-कदा ही होता है। इसलिए उनके आहार में इस माँसहार का हिस्सा दो फ़ीसदी से भी कम माना जाता है।

बोनोबो

बहुत दिनों तक चिम्पैंजी और बोनोबो को एक ही प्रजाति माना जाता रहा है। आमतौर पर यह माना जाता था कि वे एक प्रकार के पिग्मी यानी छोटे चिम्पैंजी ही हैं, लेकिन हाल के अध्ययनों के बाद उन्हें एक ही जींस की दो अलग-अलग प्रजातियाँ माना जाने लगा है। चिम्पैंजी जहाँ भारी-भरकम डील-डौल वाले होते हैं, वहीं उनकी तुलना में बोनोबो ज़्यादा छरहरे और दुबले-पतले होते हैं। उनके शारीरिक गुणों से लेकर उनकी सामाजिक संरचना, पर्यावास और खान-पान

की आदतें तक उन्हें अलग करती हैं। एक नर बोनोबो का औसत वज़न 45 किलोग्राम के लगभग होता है जबकि एक मादा बोनोबो का औसत वज़न 33 किलोग्राम तक का हो सकता है। नर बोनोबो जहाँ औसतन 119 सेंटीमीटर लम्बे होते हैं, वहीं मादा बोनोबो की औसत लम्बाई 111 सेंटीमीटर होती है। चिम्पैंजी की तुलना में उनके सिर छोटे होते हैं। बोनोबो के चेहरे आमतौर पर काले होते हैं, लेकिन उनके होंठों के आस-पास का रंग गुलाबी होता है। छोटे कान और नथुने बड़े होते हैं जबकि सिर पर बाल बड़े होते हैं। चिम्पैंजी की तुलना में बोनोबो के धड़ का ऊपरी हिस्सा ज़्यादा स्लिम, कन्धे कम चौड़े और गर्दन पतली होती है जबकि पैर चिम्पैंजी की तुलना में लम्बे होते हैं। बोनोबो पेड़ और धरती, दोनों पर ही रह सकते हैं। ज़मीन पर चलते समय आमतौर वे अपने अगले हाथों का भी सहारा लेते हुए झुक-झुककर चलते हैं। इसे तकनीकी भाषा में 'क्वाडीपेडल नकल वॉकिंग' (quadrupedal knuckle walking) कहा जाता है जबकि कभी-कभी वे दोनों पैरों पर सीधे खड़े होकर भी चल सकते हैं। हालाँकि ऐसे मौक़े कम ही होते हैं। बोनोबो के चेहरे ज़्यादा भावपूर्ण होते हैं। इसके चलते प्रत्येक बोनोबो को उसके चेहरे से अलग-अलग करके ज़्यादा आसानी से पहचाना जा सकता है। किसी ख़ास बोनोबो का चेहरा दूसरे बोनोबो से काफ़ी अलग हो सकता है। इसलिए उन्हें पहचानना भी आसान होता है।

चिम्पैंजी और बोनोबो, दोनों ही इन्सानों के सबसे ज़्यादा करीबी रिश्तेदारों में शामिल हैं। माना जाता है कि चिम्पैंजी और बोनोबो के बीच 99.6 फ़ीसदी तक जेनेटिक समानताएँ हैं, लेकिन 0.4 फ़ीसदी की जेनेटिक विभिन्नता भी उन्हें दो अलग-अलग प्रजातियों में विभक्त कर देती है। वैज्ञानिक तौर पर चिम्पैंजी को 'पान ट्रोगलोडाइट्स' (pan troglodytes) कहा जाता है और बोनोबो को 'पान पेनीस्कस' (pan paniscus) कहा जाता है। ये दोनों ही पान जींस (genus या गण) के सदस्य हैं। आमतौर पर उन्हें अलग-अलग पहचानना मुश्किल होता है। इसलिए बेहतर होगा कि इनके बीच मौजूद अन्तर पर मोटा-मोटी बात कर ली जाये।

चिम्पैंजी और बोनोबो में मुख्य अन्तर

शारीरिक अन्तर

चिम्पैंजी भारी-भरकम और ज़्यादा मज़बूत शरीर वाले होते हैं। आकार में भी वे बोनोबो से बड़े होते हैं। जहाँ एक औसत नर बोनोबो लगभग 45 किलोग्राम वज़न का होता है, वहीं एक औसत नर चिम्पैंजी लगभग 60 किलोग्राम का होता है। औसत मादा बोनोबो जहाँ लगभग 33 किलोग्राम वज़न की होती है, वहीं औसत मादा चिम्पैंजी लगभग 42 किलोग्राम वज़न की होती है। औसत नर बोनोबो 4.3 फिट लम्बे होते हैं जबकि औसत नर चिम्पैंजी 4.4 फिट लम्बे होते हैं। औसत मादा बोनोबो की लम्बाई 4.2 फिट होती है। जबकि औसत मादा चिम्पैंजी की लम्बाई 4.1 फिट होती है। बोनोबो की तुलना में चिम्पैंजी में नर और मादा के शरीर में अन्तर ज़्यादा और साफ़ दिखता है। चिम्पैंजी नर अपनी मादा से ज़्यादा भारी-भरकम और लम्बे होते हैं जबकि बोनोबो में यह अन्तर कम होता है। चिम्पैंजी और बोनोबो को उनके होठों के रंग से भी साफ़ पहचाना जा सकता है। चिम्पैंजी के होंठ काले रंग के होते हैं जबकि बोनोबो के होंठ गुलाबीपन लिए हुए होते हैं।

पर्यावास

चिम्पैंजी की तुलना में बोनोबो बहुत सीमित पर्यावास में रहने वाले जानवर होते हैं। हालाँकि ये दोनों ही प्रजातियाँ मध्य अफ़्रीका के उष्णकटिबन्धीय जंगलों में रहती हैं, लेकिन बोनोबो एक ख़ास और सीमित क्षेत्र में रहते हैं। उनके पर्यावास का क्षेत्र डेमोक्रेटिक रिपब्लिक ऑफ़ कांगो में कांगो नदी बेसिन में स्थित है जबकि उनकी तुलना में चिम्पैंजी का पर्यावास ज़्यादा बड़ा है। वे पूर्वी, मध्य और पश्चिमी अफ़्रीका के 12 देशों में रहते रहे हैं। हालाँकि कांगो नदी का बेसिन एक ऐसी जगह है, जहाँ पर इन दोनों ही प्रजातियों को देखा जा सकता है। यहाँ पर बोनोबो नदी के दक्षिणी हिस्से में रहते हैं जबकि चिम्पैंजी नदी के उत्तरी हिस्से में निवास करते हैं।

आहार

चिम्पैंजी और बोनोबो, दोनों ही प्राथमिक तौर पर फल खाने वाले यानी फ्रूगीवोरस होते हैं और मध्य अफ्रीका के उष्णकटिबन्धीय जंगलों में मौजूद तमाम फलों को खाना पसन्द करते हैं। इसके बावजूद बोनोबो के आहार में वनस्पतियाँ ज़्यादा शामिल होती हैं। चिम्पैंजी की तुलना में वे तने, पत्ते और फूल ज़्यादा खाते हैं। शिकार के समय चिम्पैंजी बहुत ही ज़्यादा हिंसक हो जाते हैं और आमतौर पर कोलोबस बन्दरों का शिकार करते हैं जबकि बोनोबो आमतौर पर एक छोटे एंटीलोप डुईकर का शिकार करते हैं। बोनोबो की तुलना में चिम्पैंजी ज़्यादा माँसाहारी होते है।

सामाजिक संरचना

बोनोबो और चिम्पैंजी, दोनों ही नर और मादाओं से बने हुए सामाजिक समूहों में रहते हैं, लेकिन चिंप की तुलना में बोनोबो ज़्यादा बड़े समूहों में रहते हैं। इन दोनों के ही समूह बनते-बिगड़ते रहते हैं। आमतौर पर दिन के समय वे छोटे-छोटे समूह में होते हैं, लेकिन रात में वे बड़े समूहों में एकत्रित हो जाते हैं। चिंप के समूह में पदानुक्रम या हैरारकी ज़्यादा स्पष्ट होती है और यहाँ पर नर की सत्ता ज़्यादा मज़बूती के साथ स्थापित रहती है। इसकी तुलना में बोनोबो में यह पदानुक्रम कम मज़बूत होता है। यहाँ पर माताओं की सत्ता भी ज़्यादा प्रबल होती है। चिम्पैंजी अपने इलाक़े को लेकर बहुत ज़्यादा संवेदनशील होते हैं, लेकिन बोनोबो अपने इलाक़े को लेकर तुलनात्मक रूप से कम संवेदनशील होते हैं और उस पर कम हक़ जताते हैं। इसके अलावा, चिंप और बोनोबो द्वारा निकाली जाने वाली अलग-अलग आवाज़ों से भी उन्हें स्पष्ट पहचाना जा सकता है।

गुरिल्ला

चिम्पैंजी और बोनोबो के बाद गुरिल्ला को इन्सानों का सबसे नज़दीकी रिश्तेदार माना जाता है। सभी ग्रेट एप में वे सबसे ज़्यादा भारी-भरकम होते हैं और आमतौर पर ज़मीन पर रहना पसन्द करते हैं। अफ्रीका महाद्वीप में इक्वेटर के

पास के उष्णकटिबन्धीय जंगलों में गुरिल्ला निवास करते हैं। गुरिल्ला जींस की दो प्रजातियाँ ईस्टर्न–गुरिल्ला और वेस्टर्न गुरिल्ला मौजूद हैं जबकि इनकी चार-पाँच उप प्रजातियाँ भी हैं।

पूरे प्राईमेट परिवार में गुरिल्ला सबसे बड़े होते हैं। उम्र और लिंग के अनुसार इनकी लम्बाई 1.25 से 1.6 मीटर तक हो सकती है जबकि इनका वज़न 100 से 270 किलोग्राम तक हो सकता है। इनके दोनों हाथों की लम्बाई 2.6 मीटर तक हो सकती है। वेस्टर्न गुरिल्ला की तुलना में ईस्टर्न गुरिल्ला के बालों का रंग ज़्यादा गहरा होता है। इसके अलावा अन्य छोटी-छोटी भिन्नताओं से भी उनके बीच अन्तर किया जा सकता है। जंगलों में आमतौर पर गुरिल्ला 35 से 40 साल तक जीते हैं जबकि चिड़ियाघरों में वे इससे ज़्यादा उम्र तक जी सकते हैं। माना जाता है कि जंगलों में तीन लाख से ज़्यादा वेस्टर्न गुरिल्ला और पाँच हज़ार के लगभग ईस्टर्न गुरिल्ला अभी मौजूद हैं। शिकार, पर्यावास का ख़त्म होना और बीमारियाँ उनके अस्तित्व के सामने मौजूद सबसे बड़े ख़तरे हैं।

आमतौर पर गुरिल्ला या तो खाना ढूँढ़ने में लगे होते हैं या फिर आराम कर रहे होते हैं। गुरिल्लों की अलग-अलग प्रजातियों के अनुसार उनके आहार में भी अन्तर पाया जाता है। माउंटेन गुरिल्ला खाने के लिए ज़्यादातर वनस्पतियों पर ही निर्भर रहते हैं। वे पत्ते, पतले डंठल, डंठल के अन्दर मौजूद गूदे और कलियों आदि को खाते हैं। फल इनके खान-पान का बहुत छोटा हिस्सा ही होता है। इनका खाना जंगल में हर ओर बिखरा होता है, इसलिए खाने को लेकर इनके बीच या फिर अलग-अलग गुरिल्ला समूहों के बीच कम ही टकराव होता है। गुरिल्लों का कोई ख़ास झुण्ड आमतौर पर 3 से 15 किलोमीटर के क्षेत्र में रहता है और एक दिन में आमतौर पर भोजन तलाशने के लिए एक दिन में वह आधे किलोमीटर के बीच घूमता है। अपने खान-पान में बहुत ज़्यादा लचीले रुख़ के चलते माउंटेन गुरिल्ला कई अलग-अलग पर्यावासों में भी रह सकते हैं, जबकि ईस्टर्न लोलैंड गुरिल्ला का आहार ज़्यादा विविधतापूर्ण होता है। आमतौर पर वे पत्तियाँ और गूदेदार डंठल खाते हैं, लेकिन फल भी उनके आहार का 25 फ़ीसदी तक हिस्सा होता है। जब फलों की उपलब्धता कम हो जाती है तो वे

हर दिन भोजन की तलाश में ज़्यादा बड़े क्षेत्र में विचरण करने लगते हैं। इनका इलाक़ा ढाई से साढ़े छह किलोमीटर तक के बीच फैला होता है और भोजन की तलाश में वे एक दिन में दो किलोमीटर से भी ज़्यादा की दूरी तय कर सकते हैं। ईस्टर्न लोलैंड गुरिल्ला कीटों, ख़ासकर चीटियों को भी खाते हैं, वहीं वेस्टर्न लोलैंड गुरिल्ले अन्य गुरिल्लों की तुलना में फलों पर ज़्यादा निर्भर करते हैं। इसीलिए इसकी तलाश में उन्हें ज़्यादा दूरी भी तय करनी पड़ती है। वे 7 से 14 किलोमीटर के क्षेत्र में रहते हैं और एक दिन में औसतन एक किलोमीटर से भी ज़्यादा की दूरी भोजन की तलाश में तय करते हैं। वे जलीय पौधों को भी खाते हैं। इसके अलावा दीमक और चीटियाँ भी उनके भोजन में शामिल हैं। आराम करने के लिए गुरिल्ले अपना घोंसला बनाते हैं। आमतौर पर पेड़ों की टहनियों को मोड़कर और उस पर पत्तियों को बिछाकर एक आरामदायक घोंसला तैयार किया जाता है, जिसमें वे आराम कर सकें। चिम्पैंजी और ओरांग उटान से अलग गुरिल्ले ज़मीन पर बनाये घोंसले में भी आराम करते हैं। गुरिल्लों के बच्चे छोटी उम्र से घोंसला बनाना सीखने की शुरुआत करने लगते हैं। हालाँकि इस दौरान भी बच्चा अपनी माँ के इर्द-गिर्द ही रहता है।

गुरिल्ला झुण्ड में रहने वाले जीव होते हैं। इनके झुण्ड को ट्रुप कहा जाता है। किसी ख़ास गुरिल्ला ट्रुप में एक प्रभुत्वशाली नर होता है, जिसे उसके पीठ के बालों की वजह से 'सिल्वर बैक' कहा जाता है। प्रभुत्वशाली मुखिया नर ही पूरे झुण्ड का केन्द्र होता है। उसके अलावा झुण्ड में कई मादाएँ और उनके बच्चे रह सकते हैं। हालाँकि ऐसे झुण्ड भी होते हैं, जिनमें एक से ज़्यादा नर गुरिल्ले भी हो सकते हैं। आमतौर पर मुखिया सिल्वर बैक 12 साल से ज़्यादा उम्र का होता है और उसके पीठ के बालों का रंग अलग होता है। परिपक्व अवस्था के बाद ही बालों को यह रंग मिलता है। नर और मादा] दोनों ही गुरिल्ले उन झुण्डों से अलग हो सकते हैं, जिनमें वे पैदा होते हैं। माउंटेन गुरिल्ला में मादाएँ अपने पैदाइशी झुण्ड से नर की तुलना में ज़्यादा बाहर निकलती हैं। इसी प्रकार, माउंटेन गुरिल्ला और वेस्टर्न लोलैंड गुरिल्ला भी दूसरे समूहों में ज़्यादा शामिल होते हैं।

परिपक्व नर गुरिल्ले कई बार अपना झुण्ड छोड़ देते हैं और अपने झुण्ड से अलग हुई मादाओं को लेकर अपना अलग झुण्ड बनाते हैं जबकि नर माउंटेन गुरिल्ला कई बार सिल्वर बैक के साथ ही रुककर उसके सहयोगी की तरह काम करता है। अगर सिल्वर बैक की मृत्यु होती है तो वह उसकी जगह ले लेता है और झुण्ड की मादाओं के साथ मिलन करता है। हालाँकि ईस्टर्न लोलैंड गुरिल्ले में इस तरह का व्यवहार देखने को नहीं मिलता है। जिस झुण्ड में केवल एक ही नर सिल्वर बैक गुरिल्ला होता है। जब उसकी मौत हो जाती है तो पूरा समूह बिखर जाता है। मादाएँ और उनके बच्चे नया समूह ढूँढ़ लेती हैं, ताकि वे अपने बच्चों और अपनी रक्षा कर सकें। सिल्वर बैक गुरिल्ला झुण्ड के केन्द्र में होते हैं। सभी प्रकार के निर्णय वही लेते हैं। झगड़ों को वही सुलझाते हैं। झुण्ड को किस ओर जाना है, इसका फ़ैसला भी वहीं करते हैं। खाने की जगहों की तलाश से लेकर झुण्ड की सुरक्षा तक की पूरी ज़िम्मेदारी उनकी होती है। आठ से बारह साल की उम्र वाला नौजवान नर उनका कनिष्ठ सहयोगी हो सकता है, जिसे 'ब्लैक बैक' कहा जाता है।

गुरिल्ले की चार उप प्रजातियों में माउंटेन गुरिल्ला, वेस्टर्न लोलैंड गुरिल्ला, ईस्टर्न लोलैंड गुरिल्ला और क्रॉस रिवर गुरिल्ला शामिल हैं।

गिब्बन

हम पहले ही इस बात का ज़िक्र कर चुके हैं आकार और वज़न में कम होने के चलते गिब्बन को 'लेसर एप' या 'स्मॉल एप' कहा जाता है, लेकिन वे एक बड़े इलाक़े में रहते हैं। गिब्बन बड़े कमाल के जानवर होते हैं। ऐतिहासिक तौर पर वे एक ही जींस से सम्बन्धित हैं, लेकिन बाद में चार जींस में विभाजित होते हैं, जिनमें कुल मिलाकर गिब्बन की 20 प्रजातियाँ शामिल हैं। हमारे लिए ख़ास बात यह है कि यह अकेला ऐसा कपि है जो भारत में भी पाया जाता है। वे ख़ासतौर पर दक्षिण एशिया के सब ट्रॉपिकल और ट्रॉपिकल रेन फ़ॉरेस्ट में रहते हैं। वे बांग्लादेश से लेकर पूर्वोत्तर भारत तक और दक्षिणी चीन से लेकर इंडोनेशिया तक पाये जाते हैं। इसमें सुमात्रा, बोर्नियो और जावा जैसे द्वीप भी शामिल हैं।

बोनोबो, चिम्पैंजी, गुरिल्ला, ओरांग उटान और मानव जैसे ग्रेट एप की तुलना में वे छोटे होते हैं और नर और मादा के बीच अन्तर भी तुलनात्मक तौर पर कम होता है। अन्य ग्रेट एप की तरह वे घोंसले भी नहीं बनाते हैं, लेकिन बाक़ी एप की तरह ही उनकी पूँछ नहीं होती है। अन्य ग्रेट एप से अलग गिब्बन लम्बे समय के लिए जोड़ा बनाते हैं और पारिवारिक सम्बन्धों में ज़्यादा बँधे होते हैं। आमतौर पर नर और मादा गिब्बन का जोड़ा अपने बच्चे के साथ ही रहता है। पेड़ की डालियों पर झूलते हुए आगे बढ़ने की कला को गिब्बन ने एक अलग ही ऊँचाई पर पहुँचा दिया है। वे लगभग पूरी तरह ही पेड़ों पर रहते हैं और जंगल की कैनोपी पर रहना पसन्द करते हैं। एक जगह से दूसरी जगह जाने के लिए वे एक डाल को पकड़कर उससे झूलते हुए दूसरी डाल को पकड़कर आगे बढ़ते हैं। एक डाली से दूसरी डाली को पकड़ने के लिए वे 50 फिट तक की दूरी झूलकर पार कर सकते हैं। इस तरह से एक डाल पर झूलकर दूसरी डाल पकड़कर आगे बढ़ने को 'ब्रैकियेशन' कहा जाता है। वे 26 फुट तक की छलांग भी लगा सकते हैं और जब कभी भी वे ज़मीन पर उतरते हैं तो अन्य एप की तुलना में दोनों पैरों पर ज़्यादा चलते हैं। दोनों पैरों पर चलने के दौरान वे अपने हाथों को इस तरह से ऊपर करके झुलाते रहते हैं ताकि शरीर का सन्तुलन बना रहे। पेड़ों पर उनकी गति सबसे ज़्यादा तेज होती है।

अलग-अलग प्रजाति और लिंग के आधार पर गिब्बन के बालों का रंग काले से लेकर हल्का भूरा तक हो सकता है। काले और सफेद के बीच उनके बाल अलग-अलग रंगों के हो सकते हैं। जेनेटिक विविधता के आधार पर उन्हें चार जेनेरा में विभाजित किया जाता है। ये हैं हाइलोबेट्स (Hylobates), हुलॉक (hoolock), नोमेस्कस (Nomascus) और सिम्फालांगस (Symphalangus) जबकि उनके तीन अन्य जेनेरा विलुप्त हो चुके हैं। पेड़ों की डालियों पर झूल-झूल कर आगे बढ़ने के मामले में उनका शरीर सबसे ज़्यादा अच्छी तरह से अनुकूलित हो चुका है। उनकी हथेलियाँ किसी हुक जैसी होती हैं और कलाइयाँ भी इस तरह से बनी होती हैं जिससे वे पेड़ों की डालियों पर बहुत अच्छी पकड़ बनाती हैं जबकि कन्धों के जोड़ भी पेड़ों की डालियों पर लटकने और उन्हें

पकड़-पकड़कर झूलते हुए आगे बढ़ने के हिसाब से बने होते हैं। उनके हाथ और पैर, दोनों ही लम्बे होते हैं, जिसके चलते बहुत लम्बी छलांगें भी वे आसानी से लगा लेते हैं।

गिब्बन की ज़्यादातर प्रजातियाँ 40 से 65 सेंटीमीटर तक लम्बी होती है, लेकिन इनमें सियामाँग प्रजाति सबसे ज़्यादा बड़ी होती है। यह 90 सेंटीमीटर तक लम्बी हो सकती है। गिब्बन की सबसे छोटी प्रजातियों का वज़न साढ़े पाँच किलो तक हो सकता है जबकि कोनकोलर गिब्बन जैसी प्रजाति का वज़न साढ़े सात किलोग्राम के लगभग होता है। वहीं, मादा सियामाँग गिब्बन का वज़न साढ़े दस किलोग्राम के लगभग और नर सियामाँग गिब्बन का वज़न 12 किलोग्राम तक का हो सकता है। इस तरह से सियामाँग गिब्बन ही एकमात्र गिब्बन की प्रजाति होती है, जिनमें नर और मादा के वज़न में इतना ज़्यादा अन्तर होता है।

अन्य प्राईमेट्स की तरह ही गिब्बन भी सामाजिक प्राणी होते हैं। अपने इलाक़े को लेकर वे बहुत ही ज़्यादा संवेदनशील होते हैं और अपनी सीमाओं की रक्षा करना भी पसन्द करते हैं। अपने क्षेत्र में घुसपैठ करने वालों को वे तेज़ आवाज़ें निकालकर या फिर तरह तरह की डरावनी मुद्राएँ बनाकर भगाने का प्रयास करते हैं। गिब्बन प्रजातियाँ ख़ासतौर पर तेज़ आवाज़ें निकालती हैं, जिन्हें जंगल में एक किलोमीटर दूर से भी सुना जा सकता है। उनकी आवाज़ों, जिन्हें 'गिब्बन सांग' कहा जाता है, से भी उनकी अलग-अलग प्रजातियों की पहचान भी की जाती है क्योंकि हर गिब्बन प्रजाति का गिब्बन सांग अलग होता है। इसमें भी सियामाँग गिब्बन विशेष ख़ासियतें लिए होते हैं। उनके गले में एक ख़ास क़िस्म की थैली बनी होती है, जिसकी मदद से उनकी आवाज़ और भी ज़ोरदार और गूँजती हुई-सी हो जाती है। प्रायः गिब्बन एक ही साथी के साथ जीवन बिताते हैं, हालाँकि हमेशा ऐसा हो, यह भी ज़रूरी नहीं है।

गिब्बन को फल खाना सबसे ज़्यादा पसन्द होता है और उनके आहार का 60 फ़ीसदी हिस्सा फलों से ही बना होता है। इसके अलावा वे कोमल टहनियों,

पत्तों, फूलों, छोटे कीटों और कभी-कभी पक्षियों के अंडे खाना भी पसन्द करते हैं। माना जाता है कि गिब्बन पहले एप हैं जो इन्सान और एप के साझा पूर्वज से लगभग 16.8 मिलियन सालों पहले अलग हुए थे। उनके जीनोम 96 फ़ीसदी तक इन्सानों से मिलते हैं। वे ग्रेट एप और मैकेक बन्दर जैसे ओल्ड वर्ल्ड मंकी के बीच की एक कड़ी जैसे माने जाते हैं। पूर्वोत्तर भारत में रहने वाले गिब्बन हुलॉक गिब्बन प्रजाति के हैं।

अध्याय : 9

झूल-झूल कर चलना अर्थात् ब्रैकियेशन

दुनिया में तीन तरह की ज़िन्दा चीज़ें हैं। पहली तो वो हैं जो अपना खाना बनाती हैं यानी स्वपोषक या ऑटोट्रॉफ़्स (Autotrophs)। ये कैसे होता है, आप सब जानते हैं। ज़्यादातर पेड़-पौधे और वनस्पतियाँ स्वपोषक होती हैं। वे अपनी जगह पर जमी रहती हैं। सूरज की ऊर्जा को अवशोषित कर वे अपना खाद्य तैयार करती हैं जबकि दूसरे तरह की ज़िन्दा चीज़ें अपना खाना ख़ुद नहीं बनाती हैं। यानी परपोषित या हेट्रोट्रॉफ़्स (Hetrotrophs)। वे पादपों द्वारा तैयार किये गये भोजन पर निर्भर रहती हैं। ऐसे जीवों को भी दो हिस्सों में विभाजित किया जा सकता है। एक तो वे जो सीधे पादपों को ही खाते हैं। दूसरे वे, जो पादपों को खाने वालों को खाते हैं, यानी शाकाहारी और माँसाहारी।

ज़िन्दा चीज़ों में तीसरी श्रेणी उनकी है जो मरी हुई और क्षरित होने वाली चीज़ों पर पनपते हैं और उन्हीं पर अपना जीवन गुज़र-बसर करते हैं। यानी मृतजीवी या सेप्रोट्रॉफ़्स (Seprotrophs)। इन तीन ज़िन्दा चीज़ों को तीन अलग-अलग किंगडम में रखा जाता है। पहला तो प्लांटे (Plantae) हैं जबकि दूसरा एनीमेलिया (Animalia) है जबकि तीसरा कवक या फ़ंजाई (Fungi) है जोकि मरी और क्षरित हो रही चीज़ों पर पनपते हैं और उनके अन्दर मौजूद ऊर्जा को फिर से प्रकृति में समाहित करने का काम करते हैं। इसके अलावा भी दो किंगडम हैं, मोनेरा (Monera) और (Protista), पर इन दोनों की चर्चा फिर कभी।

ज़िन्दा चीज़ों से यहाँ पर क्या तात्पर्य है? ज़िन्दा वही है जो पोषण करता है और प्रजनन करता है। हर जीवन को ज़िन्दा रहने के लिए कुछ-न-कुछ पोषण की यानी एनर्जी की ज़रूरत है, जिससे उसके सभी अंग-प्रत्यंग काम कर सकें। अगर यह पोषण नहीं मिलेगा तो धीरे-धीरे उसके अंग काम करना बन्द कर देंगे और वह मर जायेगा जबकि एक प्रजाति के तौर पर उसका अस्तित्व लगातार बना रहे, इसके लिए ज़रूरी है कि वह अपनी जैसी सन्ततियाँ भी पैदा करता रहे। अगर वह अपनी सन्ततियाँ पैदा नहीं कर सकता है तो एक जीवन के तौर पर उसका अस्तित्व समाप्त हो जायेगा। इसलिए पोषण और प्रजनन किसी भी ज़िन्दा चीज़ के मूलभूत गुण हैं। जहाँ पर इन दोनों में एक भी गुण ग़ायब है, वहाँ पर जीवन भी नदारद है।

हम पहले ही कह आये हैं कि जीवन का सबसे पहला और मूलभूत रूप पादपों का है क्योंकि वे अपना भोजन स्वयं बनाते हैं। आमतौर वे इसके लिए किसी अन्य जीवन पर कम निर्भर करते हैं। हालाँकि इसके लिए भी उन्होंने सहजीवन के अलग-अलग और अद्‌भुत रूप रचे हुए हैं। कुछ पौधे कुछ जन्तुओं से भी पोषण ग्रहण करते हैं, लेकिन मूलभूत रूप से वे अपना भोजन ख़ुद बनाते हैं। इसलिए उन्हें भोजन की तलाश में कहीं जाने की ज़रूरत नहीं है। वे आमतौर पर अपनी जगह पर खड़े रहते हैं और पादपों में गति भी अलग प्रकार की होती है, जैसे सूरज की रौशनी के लिए पादप जग त् एक-दूसरे से होड़ कर सकता है ताकि ऊर्जा के स्रोत तक उसकी पहुँच ज़्यादा से ज़्यादा हो सके। सूरज की रौशनी के लिए जब पेड़ों में यह होड़ होती है तो वे ज़्यादा से ज़्यादा लम्बा होने की कोशिश करते हैं ताकि उन्हें सबसे ज़्यादा धूप मिल सके जबकि कई प्रकार की लतरें पेड़ों का सहारा लेते हुए ही ऊपर चढ़ती हैं और धूप तक पहुँचने का प्रयास करती हैं। कुछ लतरें ऐसी भी हैं जो धरती पर रेंग-रेंग कर चलती हैं। ऊपर चढ़ने वाली लता को 'क्लाइंबर' कहते हैं जबकि रेंग-रेंग कर चलने वाली लता को क्रीपर कहते हैं (आरोपी लता और विसर्पी लता)।

लेकिन इसमें ग़ौर करने की बात यह है कि अपनी इस गति के बावजूद वे धरती पर किसी एक जगह से जुड़े रहते हैं। उनकी जड़ें कहीं एक जगह पर

समाई होती हैं अपने जीवन के लिए बहुत-सी ज़रूरी चीज़ें उन्हें वहीं से मिलती हैं। हालाँकि पादप जगत् के कुछ सदस्य ऐसे हैं जो पानी में बहकर भी कुछ दूरी तय करते हैं, लेकिन मोटा-मोटी हमारे कहने का आशय यह है कि पादप जगत् को भोजन की तलाश में मारा-मारा फिरने की ज़रूरत नहीं है, क्योंकि वे अपना भोजन स्वयं बनाते हैं।

लेकिन जन्तु जगत् के लिए यही सबसे बड़ी ज़रूरत बन जाती है। भोजन की तलाश के लिए उन्हें एक जगह से दूसरी जगह पर जाना पड़ता है। वे दिन भर भोजन तलाशते रहते हैं। कोई एक किलोमीटर के दायरे में भोजन तलाशता है तो कोई भोजन की तलाश में हज़ारों किलोमीटर तक चला जाता है। मछलियाँ, डाल्फ़िनें और व्हेलें समुद्रों और महासागरों को छान मारती हैं। परिन्दे पूरी धरती के तमाम चक्कर लगाते हैं। चरने वाले जानवर चारे की तलाश में हज़ारों किलोमीटर तक प्रवास कर जाते हैं। जीवन की इसी गति में बहुत सारे राज़ छिपे हुए हैं।

एक जगह से दूसरी जगह जाना जीवन के लिए यह बेहद महत्वपूर्ण है। यह गति सबसे ज़रूरी है। ज़रूरी है, गतिशील होना, लेकिन इस गति के लिए सभी अलग-अलग तरीके अपनाते हैं। उन्हें अलग-अलग वर्गीकृत करने में भी यह गति महत्वपूर्ण भूमिका निभाती है, क्योंकि जन्तु जगत् में तमाम जीवन एक जगह से दूसरी जगह पर जाने के लिए अलग-अलग तरीके आज़माते हैं। इन तरीकों के आधार पर उन्हें अलग-अलग श्रेणियों में विभाजित किया जाता है। मछलियाँ तैरती हैं। परिन्दे उड़ते हैं। सांप व छिपकलियाँ रेंग-रेंग कर चलती हैं। खुर वाले जानवर अपने खुरों पर भागते हैं। कंगारू पिछले दो पैरों पर कूद-कूद कर चलते हैं। सभी जीवों में सूखी ज़मीन पर सबसे तेज़ भागने वाला चीता अपने गद्देदार पैरों और आगे निकले हुए नाखूनों और हवा में लहराकर सन्तुलन बनाती हुई पूँछ के सहारे दौड़ता है। चलना, दौड़ना, भागना, कूदना, तैरना, उड़ना, रेंगना, उछलना जैसी तमाम क्रियाएँ हैं, जो जन्तु जगत् के सदस्यों द्वारा एक जगह से दूसरी जगह पर जाने के लिए इस्तेमाल की जाने वाली गति के तरीके को प्रकट करती हैं।

इसी प्रकार, हम जिन ग्रेट एप की बात कर रहे हैं, उन्होंने अपनी गति के लिए एक अनोखा और निराला ही तरीक़ा विकसित कर रखा है, इसे झूल-झूल कर आगे बढ़ना कहा जाता है। यह 'ब्रैकियेशन' (Brachiation) है। चलने का यह सबसे अलग तरीक़ा है। एप या कपि या बनमानुष चलने के लिए गति के इसी तरीके का इस्तेमाल करते हैं। वे पेड़ों की एक डाल से दूसरी डाल तक झूल-झूल कर पहुँचते हैं। हालाँकि पेड़ों पर रहने की उनकी अवधि और प्रवृत्ति के आधार पर अलग-अलग प्रजातियों में गति के इस तरीके को अपनाने का औसत भी कम या ज़्यादा होता है, लेकिन आमतौर पर वे पेड़ों पर अपनी गति के लिए इसी तरीके का इस्तेमाल करते हैं। इसके लिए कन्धों और कलाइयों के जोड़ विशेष तरीके से बने होते हैं। उनकी उँगलियाँ लम्बी होती हैं और अन्दर की ओर मुड़ी होती हैं। उँगलियों की तुलना में अँगूठे छोटे होते हैं। पैरों की तुलना में हाथ लम्बे होते हैं, जिनके ज़रिये वे अपने हाथों से पेड़ की एक डाली को पकड़कर उससे झूलकर दूसरी डाली को पकड़कर झूलते हुए आगे बढ़ते हैं, सर्कस के किसी कलाबाज़ से बहुत ज़्यादा कुशलता के साथ। अक्सर ही वे एक डाली से दूसरी डाली पर छलांग मारकर भी पहुँचते हैं।

पेड़ों पर झूलने का यह तरीक़ा कितना ज़्यादा तेज हो सकता है, इसे जानकर भी हमें हैरानी हो सकती है। बाक़ी एप की तुलना में गिब्बन और ओरांग उटान पेड़ों पर सबसे ज़्यादा वक़्त बिताते हैं। इसी अनुसार पेड़ों पर झूल-झूलकर आगे बढ़ने की गति भी इनमें सबसे ज़्यादा होती है। झूल-झूलकर आगे बढ़ने की कला में गिब्बन इतने माहिर होते हैं कि वे एक घण्टे में 55 किलोमीटर तक की यात्रा इसी तरह से डालियों पर झूल-झूल कर कर सकते हैं। गिब्बन का शरीर गति के इस तरीके के लिए पूरी तरह से ढला हुआ होता है। ब्रेकियेशन गति के समय गिब्बन के हाथों-पैरों और शरीर की लय या रिद्म कुछ इस तरह की होती है कि कोई भी मन्त्रमुग्ध होकर उसे अपलक देखता रह सकता है। गिब्बन के बाद ओरांग उटान भी इस कला में माहिर होते हैं और अपना ज़्यादातर वक़्त पेड़ों के ऊपर ही बिताते हैं। इसीलिए इन दोनों ही प्राणियों को जब धरती पर उतरना होता है और ज़मीन पर चलना होता है तो उनकी चाल

काफ़ी बेढंगी और अटपटी-सी दिखती है। ब्रैकियेशन में सबसे ज़्यादा माहिर गिब्बन की चाल धरती पर सबसे ज़्यादा बेढंगी होती है।

गिब्बन और ओरांग उटान की तुलना में चिम्पैंजी और बोनोबो ज़मीन पर ज़्यादा वक़्त बिताते हैं। ज़मीन पर वे अपने आगे के हाथों की उँगलियों से टेक-टेक कर और बीच-बीच में खड़े होते हुए, पिछले पैरों पर ज़्यादा वज़न देते हुए चलते हैं, लेकिन पेड़ों पर गति के लिए वे भी ब्रैकियेशन तकनीक का ही सहारा लेते हैं यानी पेड़ों की डालियों पर झूल-झूल कर आगे बढ़ते हैं। मानव से इतर एप में गुरिल्ला सबसे ज़्यादा वक़्त ज़मीन पर बिताता है। इसलिए ज़मीन पर उसकी चाल भी ज़्यादा आत्मविश्वास से भरी दिखायी पड़ती है। ख़ासतौर पर झुण्ड का मुखिया यानी सिल्वर बैक काफ़ी रौबीली चाल से अपने पिछले पैरों के वज़न और अगले हाथों की उँगलियों से टेकते हुए चलता है। हालाँकि पेड़ों पर उनकी चाल भी डालियों पर झूल-झूल कर चलने वाली होती है यानी साफ़ तौर पर यह कहा जा सकता है कि ब्रैकियेशन की यह तकनीक एप यानी कपियों की ख़ासियत है। लाखों सालों के विकास क्रम में उन्होंने एक जगह से दूसरी जगह जाने के लिए इसी तरीके को आज़माया है और इसमें महारत हासिल की। बाद में पेड़ों पर रहने और धरती पर चलने के अनुपात के अनुसार उनके अन्दर दूसरे बदलाव भी आये।

ख़ास बात यह है कि ब्रैकियेशन की इस तकनीक को वन्यजीव विशेषज्ञों और वैज्ञानिकों के साथ-साथ साहित्य में भी रेखांकित किया गया है। रूडयार्ड किपलिंग की किताब 'द जंगल बुक' को किसी भी स्थिति में एक मील का पत्थर माना जा सकता है। वर्ष 1894 में आयी यह किताब रूडयार्ड किपलिंग की कहानियों का संग्रह जैसी है, जिसके ज़्यादातर पात्र जानवर हैं, लेकिन इसका मुख्य पात्र यानी मोगली इन्सान का एक बच्चा है, जो किसी तरह से जंगल में छूट गया है और उसका पालन-पोषण भेड़ियों ने किया है। जंगल में शेरख़ान जैसे कुछ जानवर उसे पसन्द नहीं करते हैं और मार देना चाहते हैं। बघीरा और बलू जैसे जानवर हैं, जो उसकी जान बचाते हैं और उसकी मदद करते हैं। इसमें से शेरख़ान एक बाघ है, जबकि बघीरा एक काला तेंदुआ और ब्लू एक भालू है। ज़ाहिर है कि जानवरों के ज़रिये इन्सानों के लिए कही जाने

वाली कहानियों के सन्दर्भ कहीं ज़्यादा व्यापक होते हैं और उसके तमाम अर्थ छिपे होते हैं, लेकिन यहाँ पर हम इस कृति के औपनिवेशिक सन्दर्भों और अर्थों को लेकर की गयी आलोचनाओं और व्याख्याओं की तरफ नहीं जायेंगे। यहाँ पर हम सिर्फ़ कहानी और उसके चित्रण से जुड़ी हुई चीज़ों पर ही सीमित रहेंगे।

रूडयार्ड किपलिंग की कहानियों का यह इन्सानी बच्चा जो कि जंगलों में पलता-बढ़ता है, गति के लिए आमतौर पर झूलने की इसी तकनीक का इस्तेमाल करता है। हालाँकि उसकी यह तकनीक गिब्बन या ओरांग उटान से अलग है। सीधे पेड़ों की डालियों पर झूलने की बजाय वह ज़्यादातर पेड़ों से लिपटी लताओं और फ़ाइकस प्रजाति के बरगद जैसे पेड़ों की जड़ों पर झूल-झूल कर आगे बढ़ता है। माना जाता है कि रूडयार्ड किपलिंग ने जिस जंगल को लेकर यह कथा लिखी है, वो मध्य भारत यानी आज के मध्य प्रदेश में कहीं स्थित है। कहानी में आये 'सिओनी' नाम से भी ऐसा ही अर्थ ग्रहण किया जाता है।

मोगली के साथ ही हम जंगलों में रहने और जंगलों में पलने-बढ़ने वाले एक-दूसरे इन्सानी बच्चे के बारे में भी बात करेंगे। जंगलों का यह इन्सान भी बहुत ज़्यादा लोकप्रिय रहा है। इसका नाम टार्ज़न है। टार्ज़न 24 उपन्यासों की एक सीरीज़ है। एडगर राइस बरोस ने इस पात्र की रचना की है और वर्ष 1912 से लेकर 1966 के बीच इसका प्रकाशन हुआ है। यह कहानी भी किसी प्रकार से जंगल में छूट गये एक इन्सानी बच्चे की है, जिसका पालन-पोषण जंगल में हुआ है। जंगल में रहने वाली एक मादा एप उसका पालन-पोषण करती है कि एक नर एप उसे मार देना चाहता है। इस कहानी के भी व्यापक और छिपे हुए सन्दर्भों की तरफ ध्यान केन्द्रित करने की बजाय हम सिर्फ़ इसके चित्रण तक सीमित रहेंगे। टार्ज़न भी एक जगह से दूसरी जगह पर जाने के लिए झूल-झूल कर आगे बढ़ने की इसी तकनीक का इस्तेमाल करता है। वो लताओं और पेड़ों की डालियों से निकलने वाली जड़ों से झूल-झूलकर आगे बढ़ता है। 'द जंगल बुक' और टार्ज़न का सन्दर्भ लेकर बनायी गयी तमाम फ़िल्मों में भी उनके इसी तरह से आगे बढ़ने का चित्रण किया गया है।

इससे यह भी माना जा सकता है कि ब्रैकियेशन ही एप यानी कपि यानी बनमानुषों के चलने की विधि है। हालाँकि इन दो कहानियों में अन्तर भी देखने को मिलता है। चूँकि 'जंगल बुक' का जंगल मध्य भारत में स्थित है और यहाँ पर बनमानुष यानी एप नहीं हैं। इसलिए यहाँ पर मोगली का पालन पोषण भेड़ियों द्वारा किये जाने की कल्पना की गयी है जबकि टार्ज़न की कहानी इक्वेटर के पास वाले पश्चिमी अफ्रीका के जंगलों की है। इसलिए यहाँ पर बनमानुष मौजूद हैं। इसलिए कहानी में उनसे प्यार और टकराव भी मौजूद हैं।

गति की ब्रैकियेशन तकनीक पर तो बात फ़िलहाल यहीं तक, लेकिन ऊपर हम तीन तरह की ज़िन्दा चीज़ों का ज़िक्र कर आये हैं। इनमें से दो के बारे में तो बात हो गयी। पहले को गतिशील होने की ख़ास ज़रूरत नहीं है। दूसरे को भोजन की तलाश मजबूर करती है कि वो गतिशील हो। गतिशील होने के उसने अलग-अलग तरीके अख़्तियार किये जबकि तीसरा यानी फ़ंजाई को भी भोजन की तलाश में एक जगह से दूसरी जगह जाने की ज़रूरत पड़ती है। वे मरी हुई और क्षरित हो रही (Dead and decaying) चीज़ों से पोषण ग्रहण करते हैं। इसलिए उन्हें ऐसी जगहों पर जाना पड़ता है, जहाँ पर ऐसी चीज़ें मिल सकें। इसके लिए उन्होंने भी एक अनूठा तरीक़ा अपनाया हुआ है। वे अपने स्पोर्स को हवा में छोड़ते हैं। ये स्पोर्स एक तरह के बीज होते हैं। बेहद सूक्ष्म होते हैं और हवा में फैले होते हैं। दुनिया में ऐसी जगहें कम ही होती हैं, जहाँ पर किसी-न-किसी फ़ंजाई के स्पोर्स मौजूद नहीं हो। इसीलिए किसी भी चीज़ के पीछे छूटते ही, उसके मरते ही कुछ दिनों में उस पर फफून्द जमने लगती है। यह फ़ंगस धीरे-धीरे उसे हज़म कर जाती है, उसे ऊर्जा के एक स्वरूप से दूसरे में बदल देती है। फ़ंजाई के स्पोर्स की व्यापकता कितनी ज़्यादा है, इसे ऐसे भी समझा जा सकता है कि रेफ्रीजरेटर भी अगर बन्द करके छोड़ दिया जाये तो चन्द दिनों में ही उसमें फफून्द जमने लगती है यानी वहाँ पर उसके स्पोर्स पहले से मौजूद हैं और जैसे ही उसे मौक़ा मिला, उसने अपना काम शुरू कर दिया। फ़ंजाई किंगडम पर विस्तृत चर्चा जंगल कथा सीरीज़ के किसी अन्य भाग में हम कर सकते हैं, लेकिन यहाँ पर फ़िलहाल इतना ही।

अध्याय : 9

वानर, कपि और मानव

एक ही प्राईमेट परिवार के सदस्य होने के नाते वानर, कपि और मानव के बीच बहुत सारी समानताएँ होती हैं। हम सभी का अनुकूलन पेड़ों पर रहने के लिए हुआ है। इसी अनुसार कुछ ख़ास विशेषताएँ हैं जो सब में समान रूप से मौजूद हैं। इसके बावजूद कुछ ख़ास अन्तर हैं जो कपियों को वानरों से एकदम अलग कर देते हैं। आमतौर पर लोग ग़ैर जानकारी में कपि को भी बन्दर समझ लेते हैं या कहने लगते हैं, लेकिन शारीरिक विशेषताओं से लेकर जीवन जीने के उनके हुनर तक में यह अन्तर साफ़ दिखायी पड़ता है। इस अध्याय में हम वानर और कपि के बीच इन्हीं अन्तरों को जानने का प्रयास करेंगे। तत्पश्चात्, कपि और मानवों के बीच के अन्तर के बारे में भी कुछ बातें होंगी।

वानरों और कपि के बारे में बात शुरू करने से पहले यह समझने की ज़रूरत है कि बन्दरों को मुख्यत: दो हिस्सों में बाँटा जाता है ओल्ड वर्ल्ड मंकी और न्यू वर्ल्ड मंकी यानी पुरानी दुनिया के मंकी और नयी दुनिया के मंकी। नयी दुनिया यानी अमेरिका महाद्वीप। अमेरिका महाद्वीप के बारे में बाक़ी दुनिया को जानकारी नहीं थी। इसलिए जब अमेरिकी महाद्वीप की खोज हुई तो इसे एक 'नयी दुनिया' कहा गया। इस नयी दुनिया में बहुत कुछ नया था। ऐसा था जो कि पुरानी दुनिया में नहीं था। अलग तरह के बन्दर भी इसमें शामिल हैं। नयी दुनिया में बन्दरों का संसार पुरानी दुनिया से काफ़ी कुछ अलग था। आप भी इसे बहुत आसानी से पहचान सकते हैं।

अगर आप तस्वीरों में किसी ऐसे बन्दर को देखते हैं जो अपनी पूँछ को पेड़ की डाल से लपेट कर लटका हुआ है तो आप उसे बेझिझक 'न्यू वर्ल्ड मंकी' कह सकते हैं। नयी दुनिया के घने जंगलों में रहने के लिए ख़ुद को अनुकूलित करने के क्रम में न्यू वर्ल्ड मंकी ने एक ख़ास तरह की पूँछ विकसित की। पूँछ के इस प्रकार को 'प्रीहेंसिल टेल' (prehensile tail) कहा जाता है।

यह एक ख़ास प्रकार की पूँछ होती है। यह पूँछ कुछ पकड़ने के लिए बनी होती है। पेड़ पर रहने वाले किसी जीव के लिए यह बेहद महत्वपूर्ण है क्योंकि अगर उसने पूँछ से पेड़ की डाल पकड़ ली है और उसकी पूँछ उसका पूरा वज़न सँभाल सकती है तो फिर उसके चारों हाथ-पैर मुक्त हो जाते हैं। इन हाथ-पैरों के ज़रिये वह कोई भी काम कर सकता है, जैसे भोजन की तलाश करना या अपनी सुरक्षा करना। यह ख़ास तरह की पूँछ उसे घने जंगलों में रहने के ज़्यादा अनुकूल बनाती हैं। न्यू वर्ल्ड मंकी ने लाखों सालों के अनुकूलन और विकास-क्रम में इस तरह की पूँछ विकसित की है। इसकी तुलना में ओल्ड वर्ल्ड मंकी की पूँछ कुछ पकड़ने में सक्षम नहीं होती है। वे अपनी पूँछ के ज़रिये पेड़ों की डाल को पकड़ कर लटक नहीं सकते हैं। उनकी पूँछ चलने-फिरने और दौड़ने और पेड़ों पर कूदने-फाँदने के दौरान शरीर को सन्तुलित करने का काम करती है, लेकिन पूँछ के ज़रिये किसी चीज़ को पकड़ पाना उनके लिए सम्भव नहीं होता है, क्योंकि प्रीहेंसिल टेल जैसी पकड़ उनकी पूँछ में नहीं होती है। प्रीहेंसिल टेल अन्दर की तरफ मुड़ने वाली होती है और उसमें ख़ास क़िस्म की ग्रिप या पकड़ होती है, जिसके ज़रिये वे पेड़ की डाल के चारों तरफ मज़बूती से लिपट जाती हैं। इससे उसके चारों हाथों और पैरों को बहुत ज़्यादा आजादी मिलती है।

ओल्ड वर्ल्ड मंकी और न्यू वर्ल्ड मंकी के बारे में छोटी और संक्षिप्त जानकारी के बाद हमारे लिए यह जानना महत्वपूर्ण है कि कपि या एप सिर्फ़ अफ्रीका और एशिया महाद्वीप में पाये जाते हैं। यहीं पर उनका प्राकृतिक पर्यावास है। इसलिए यहाँ बन्दरों और कपियों के बीच की जाने वाली तुलना मुख्यत: ओल्ड वर्ल्ड मंकी और कपि के बीच ही है।

बन्दरों और कपियों को सबसे पहले तो उनकी शारीरिक भिन्नताओं के ज़रिये ही पहचाना जा सकता है। दुनिया भर में बन्दरों की तीन सौ से ज़्यादा प्रजातियाँ रहती हैं। इनमें से इक्का-दुक्का प्रजातियाँ ही ऐसी हैं, जिनके पूँछ नहीं होती है। बन्दरों की ज़्यादातर प्रजातियों की पूँछ होती है। भले ही ओल्ड वर्ल्ड मंकी के पास न्यू वर्ल्ड मंकी जैसी पकड़ क्षमता रखने वाली पूँछ नहीं हो, लेकिन कुछ अपवादों को छोड़कर पूँछ सभी के पास है, लेकिन कपियों के पूँछ नहीं होती है। पूँछ की मौजूदगी या ग़ैर मौजूदगी देखकर आप स्पष्ट तौर पर बता सकते हैं कि यह बन्दर है या कपि।

इसके अलावा, दोनों में बहुत सारी शारीरिक भिन्नताएँ होती हैं। आमतौर पर कपियों का आकार बन्दरों की तुलना में बहुत ज़्यादा बड़ा होता है। इसमें सबसे ज़्यादा बड़ा गोरिल्ला होता है जो कि 200 किलो तक वज़नी हो सकता है और चार फुट से छह फुट तक की लम्बाई हो सकती है जबकि बन्दरों का आकार कपियों जैसा बड़ा नहीं होता है। वे आकार में कपियों से छोटे होते हैं। केवल एक कपि गिब्बन ही ऐसा है जोकि बाक़ी कपियों की तुलना में आकार में छोटा होता है। इसी के चलते उसे 'लेसर एप' कहा भी ज़्यादा है, लेकिन गिब्बन भी अपनी अन्य ख़ूबियों में बन्दरों से बिलकुल भी अलग होता है और बहुत कम बन्दर प्रजातियाँ ही उसके बराबर आकार की होती हैं। अन्य कपियों की भाँति ही गिब्बन की भी पूँछ नहीं होती है। इससे भी गिब्बन को अन्य बन्दरों से साफ़ अलग पहचाना जा सकता है।

बन्दरों और कपियों के चलने या गति का तरीक़ा भी अलग होता है। अगर आप ग़ौर करें तो इसे एकदम अलग से पहचान सकते हैं। बन्दरों के कन्धे पूरे खुले हुए नहीं होते हैं। उनकी छाती कपियों जैसी चौड़ी नहीं होती है। कन्धों के जोड़ भी कपियों की तरह नहीं होते हैं। उनका कंकाल ढाँचा काफ़ी कुछ कुत्तों या बिल्लियों की तरह लगेगा। इसी के अनुसार उसकी गति भी होती है। बन्दर आमतौर पर पेड़ों पर कूदते-फाँदते और दौड़ते हुए चलते हैं। वे पेड़ों पर फुर्ती के साथ चढ़ जाते हैं। डालों पर दौड़ लगाते हैं। एक डाल से दूसरी डाल को छलांग लगाकर पकड़ भी लेते हैं, लेकिन वे कपियों की तरह

बिलकुल भी गति नहीं कर सकते हैं। उनके शरीर की बनावट ही ऐसी नहीं होती है। ज़मीन पर चलते समय कपि अपने पिछले पैरों के तलवे तो पूरे धरते हैं, लेकिन अगले हाथ की हथेलियाँ पूरी ज़मीन पर नहीं रखते हैं। इसकी बजाय वे अपनी अँगुलियों से टेक-टेक कर चलते हैं।

कपियों के कन्धे के जोड़ ख़ास तरीक़े से विकसित हुए हैं। उनके कन्धे पूरे खुल जाते हैं और छाती चौड़ी होती है। जो उसे दोनों हाथों से पेड़ों की डालियों को लटकने में मदद करते हैं। अपने हाथ और पैरों के ज़रिये पेड़ों की एक डाली से दूसरी डाली से झूल-झूल कर वे चलते हैं। वे पेड़ों की डालियों पर बन्दरों की तरह दौड़ते-भागते नहीं हैं बल्कि वे उनके बीच झूलते हैं और गति का यह तरीक़ा इतना ज़्यादा प्रभावी है कि गिब्बन जैसे कपि बेहद तेज़ रफ़्तार से झूल-झूल कर एक स्थान से दूसरे स्थान तक पहुँच सकते हैं। ब्रैकियेशन की यह तकनीक बन्दरों में देखने को नहीं मिलती। कभी-कभी वे पेड़ की डालियों को पकड़कर लटकते तो रहते हैं, लेकिन उस पर झूल-झूल कर आगे बढ़ने की गति बन्दरों का तरीक़ा नहीं है।

इसके अलावा, बुद्धिमत्ता भी बन्दरों और कपियों को अलग कर देती है। बन्दरों की तुलना में कपि बेहद बुद्धिमान प्राणी होते हैं। वे अलग-अलग औज़ारों का इस्तेमाल करना जानते हैं। वे पत्थरों का इस्तेमाल करके नट को तोड़ देते हैं और उसके अन्दर की गिरी हासिल कर लेते हैं। चिम्पैंजी पेड़ की सींक का इस्तेमाल चीटियों को पकड़ने में करता है। वो एक ख़ास लम्बी सींक को चीटियों के बिल में डाल देता है और जब ढेरों चीटियाँ उस सींक पर चिपक जाती हैं तो वह उन्हें अपने होंठ और ज़बान के ज़रिये एक साथ ही चट कर जाता है। न्यू वर्ल्ड में पाये जाने वाले कपूचिन बन्दर भी कुछ हद तक बुद्धिमत्ता का प्रदर्शन करते हैं। वे पत्थर से नट को तोड़ने और उसमें से गिरी निकालने का काम करते हैं, लेकिन कपियों की तुलना में उनका यह हुनर किसी नौसिखिये जैसा ही माना जायेगा (प्रसंगवश यह भी जान लें कि हॉलीवुड फ़िल्म सीरीज़ 'पाइरेट्स ऑफ़ कैरिबियन' में जिस बन्दर ने महत्वपूर्ण भूमिका अदा की है, वह कपुचिन प्रजाति का ही है)।

बन्दरों की तुलना में कपियों में संवाद भी ज़्यादा प्रबल होता है और वे ज़्यादा सघन संवाद कर सकते हैं। यह भी उनकी बुद्धिमत्ता को ही प्रदर्शित करती है। पाल्य अवस्था में रखे जाने वाले बहुत से कपियों ने संकेत भाषा (साइन लैंग्वेज) को समझने और सीखने में भी महारत हासिल की है। अमेरिका के सैन फ्रांसिस्को में रहने वाली वेस्टर्न लोलैंड प्रजाति की मादा गोरिल्ला कोको ने भाषाओं को सीखने और संवाद कायम करने में अलग ही मिसाल क़ायम की थी। माना जाता है कि कोको को अमेरिकन संकेत भाषा के एक हज़ार से ज़्यादा शब्द समझ आते थे और वह इनके ज़रिये संवाद करती थी। इसके अलावा वो बोली जाने वाली अंग्रेजी भाषा के शब्दों को भी समझ सकती थी। जून 2018 में कोको की मौत हो गयी थी। कोको के अलावा भी अन्य कपियों ने भाषा को सीखने और समझने में बन्दरों से बहुत ज़्यादा क़ाबिलियत होने का प्रदर्शन किया जाता है। बुद्धिमत्ता की तमाम परीक्षाओं में वे बन्दरों से बहुत ज़्यादा आगे दिखायी देते हैं। बुद्धिमत्ता के इस स्तर के ज़रिये भी वानरों और कपियों को साफ़-साफ़ अलग से पहचाना जा सकता है। इसके अलावा, कपियों में अन्य प्रजाति के किसी जीव को पालने की भी प्रवृत्ति दिखायी देती है। वे उसे किसी इन्सान की तरह ही अपने पास पालते हैं और उसका पालन-पोषण करते हैं। काफ़ी कुछ वैसे ही, जैसे हम कुत्ते और बिल्लियों को पालते हैं, उनका ख़याल रखते हैं और उनसे लगाव महसूस करते हैं।

मुझे लगता है कि यहाँ पर आकर हमें वानर और कपि को लेकर कुछ भाषा सम्बन्धी प्रश्नों पर भी विचार कर लेना चाहिये। तुलसीदास ने हनुमान जी को कई बार 'कपि' कह कर सम्बोधित किया है। उन्होंने 'हनुमान अष्टक' में हनुमान जी को सम्बोधित करते हुए लिखा है कि–*को नहीं जानत है जग में कपि, संकटमोचन नाम तिहारो*। इसके अलावा भी रामचरित मानस के अलग-अलग खण्डों में 'कपि' शब्द का प्रयोग किया गया है। यहाँ पर भाषा विज्ञान पर कोई गहन या विशेषज्ञ टिप्पणी किये बिना भी हमें यह समझना होगा कि शायद उस समय 'वानर' और 'कपि' शब्दों के अर्थ को बहुत ज़्यादा विभेद के साथ ग्रहण नहीं किया जाता रहा होगा। उन्हें एक प्रकार के समानार्थी शब्दों

के तौर पर लिया जाता रहा होगा, जिसके चलते हनुमान जी या अन्य वानरों के लिए कपि शब्द का भी प्रयोग किया गया है जबकि अब हम एप (Ape) शब्द के हिन्दी अर्थ के लिए 'कपि' शब्द का प्रयोग करते हैं जबकि 'मंकी' (Monkey) का हिन्दी अर्थ के लिए 'वानर' या 'बन्दर' शब्द का प्रयोग करते हैं। कपि और वानरों के बीच शारीरिक दृश्यता का जो सबसे बड़ा अन्तर होता है, वह है पूँछ यानी पूँछ की मौजूदगी या ग़ैर मौजूदगी से हम साफ़ तौर पर वानर और कपि को अलग कर सकते हैं।

वानरों की पूँछ होती है जबकि कपियों की पूँछ नहीं होती है। इस अर्थ में अगर देखा जाये तो हनुमान जी एक वानर रहे होंगे, क्योंकि लंका में उनकी पूँछ में आग लगाने और उसके ज़रिये ही लंका दहन का पूरा वृत्तान्त लिखा गया है। इसके चलते हम उन्हें कपियों से साफ़ तौर पर अलग कर सकते हैं। इसका एक और भी कारण है। निकट इतिहास में भारत की मुख्य भूमि में कपियों की मौजूदगी के संकेत नहीं है। पूर्वोत्तर के राज्यों में हुलॉक गिब्बन जैसा कपि भले रहता है, लेकिन 'रामचरितमानस' का जो मुख्य भूगोल रहा होगा, वहाँ पर गिब्बन की उपस्थिति रही होगी, ऐसा कम ही लगता है।

वानरों और कपियों के बीच के मूल अन्तरों को संक्षेप में समझने के बाद अब समय इस बात का भी है कि हम इन्सान और कपियों के बीच के भी मूल अन्तरों को संक्षेप में समझ लें।

कपियों को इन्सानों का सबसे ज़्यादा करीबी रिश्तेदार माना जाता है। यहाँ तक कि इन्सानों के साथ कपि 95 फ़ीसदी से लेकर 98 फ़ीसदी तक जेनेटिक समानता रखते हैं। इसकी तुलना में रीसस बन्दरों के साथ इन्सानों के जीन 93 फ़ीसदी तक मिलते हैं यानी जेनेटिक तौर पर कपियों की तुलना में बन्दर हमसे काफ़ी दूर हैं जबकि कपि एकदम पास हैं, लेकिन जेनेटिक विविधता की यह छोटी-सी दूरी भी कपियों और इन्सानों में बहुत बड़ा अन्तर पैदा कर देता है। प्राईमेट परिवार के सदस्य होने के चलते दोनों में बहुत ज़्यादा समानताएँ तो हैं, लेकिन इसके साथ-साथ भिन्नताएँ भी हैं, जो दोनों को अलग करती हैं।

इन्सानों और कपियों की हड्डियों का ढाँचा लगभग एक जैसा होता है, भले ही वह आकार और नाप में अलग हों। इसके साथ ही दोनों के अन्दरूनी अंगों का व्यवस्था-क्रम भी एक जैसा होता है। दोनों ही में मादाओं की तुलना में नर औसतन पाँच से दस फ़ीसदी तक ज़्यादा बड़े होते हैं और ज़्यादा माँसपेशियों वाले होते हैं। ज़्यादातर बन्दरों की पूँछ मौजूद होती है जबकि कपि और इन्सानों के पूँछ नहीं होती है। बन्दरों की तुलना में कपियों और इन्सानों को होने वाली बीमारियाँ भी ज़्यादा एक जैसी होती हैं।

आमतौर पर विशेषज्ञ औज़ारों के इस्तेमाल करने की क्षमता से इन्सानों और कपियों को अलग करते हैं। हम जानते हैं किपि अलग-अलग प्रकार के औज़ारों का इस्तेमाल करते हैं, लेकिन हम इन्सान ज़्यादा जटिल और सटीक औज़ारों का प्रयोग करते हैं। यहाँ तक कि मानव विकास में औज़ारों के इस्तेमाल और उसे लगातार विकसित किये जाने का भी एक बड़ा योगदान माना जाता है। मतलब, जितना हमने औज़ारों को गढ़ा है, औज़ारों ने भी हमें उतना ही गढ़ा है। भौतिक तौर पर भी इन्सानों का मस्तिष्क किसी कपि की तुलना में तीन गुना तक ज़्यादा बड़ा होता है। कपियों का पूरा शरीर घने बालों से ढका होता है। इसकी तुलना में इन्सानों के शरीर पर कम घने बाल होते हैं और रोयें जैसे होते है। चूँकि कपि ज़मीन पर चलते समय अपने हाथों का भी सहारा लेते हैं, जबकि इन्सान दोनों पिछले पैरों पर ही सीधे होकर चलते हैं। इसी अनुसार इन्सानों की शारीरिक संरचना में भी अन्तर होता है। उदाहरण के लिए, कपियों की तुलना में इन्सानों के हाथ कमज़ोर और छोटे होते हैं जबकि पैर लम्बे और ज़्यादा मज़बूत होते हैं। इन्हीं मज़बूत पैरों की सहायता से हम दोनों पैरों पर सीधे खड़े होकर चल पाते हैं। हालाँकि हमें इसकी क़ीमत भी चुकानी पड़ी है। कपियों के पैर भी काफ़ी कुछ हाथों की तरह विकसित होते हैं और वे अपने पैरों से भी पेड़ों की डालियाँ या अन्य चीज़ों को पकड़ सकते हैं। वास्तव में पेड़ों पर उनके जीवन, भोजन ढूँढ़ने आदि में पैरों की यह विशिष्ट क़िस्म की बनावट काफ़ी काम आती है जबकि हमारे पैरों की बनावट पूरी तरह से शरीर का वज़न सँभालकर सीधे चलने के अनुसार विकसित हुई है।

इसके चलते हमें चलते या भागते-दौड़ते समय अपने हाथों का सहारा लेने की ज़रा भी आवश्यकता नहीं पड़ती है और चलने की क्रिया में हाथ पूरी तरह से स्वतन्त्र हो गये होते हैं। सिर्फ़ सन्तुलन साधने में ही उनका सहारा लिया जाता है।

प्रजनन को लेकर भी इन्सान और कपियों में अन्तर स्पष्ट देखा जा सकता है। कपियों की तुलना में इन्सान के बच्चे का जन्म ज़्यादा जटिल और माँ के लिए मुश्किलों भरा होता है, क्योंकि कपियों की तुलना में इन्सान के बच्चे ज़्यादा बड़े आकार का होने के बाद जन्म लेते हैं। हालाँकि बड़े आकार के बावजूद इन्सान के बच्चे पैदा होने के समय कपियों के बच्चे से कम परिपक्व होते हैं। कपियों के बच्चे पैदा होने के बाद बहुत जल्द ही अपनी माँ को पकड़ पाने की योग्यता रखते हैं। वे अपनी माँ के बालों को पकड़कर चिपके रहते हैं, जिसके चलते उनकी माँ की गतिविधि कम प्रभावित होती है जबकि इन्सानों के बच्चे में इसका अभाव होता है और माँ को ही उसे पकड़ना और सँभाल करनी पड़ती है। तुलनात्मक तौर पर मादा कपि ज़्यादा उम्र की होने के बावजूद माँ बन सकती है, जबकि इन्सानों में मादाएँ मीनोपॉज के साथ ही बच्चे पैदा करने की अपनी क्षमता खो देती हैं।

कपि और इन्सान, दोनों ही बुद्धिमान प्राणी हैं। आमतौर पर कपियों के अन्दर तीन-चार साल के इन्सानी बच्चों के बराबर बुद्धिमत्ता होती है। इन्सानों की तरह ही कपि भी एक व्यक्ति को दूसरे व्यक्ति से अलग करके पहचान सकते हैं। वे अपने रिश्तेदारों और परिजनों की भी अलग से पहचान करते हैं। माना जाता है कि वे भूतकाल और वर्तमान को अलग-अलग समझ सकते हैं। उनके अन्दर तर्कक्षमता होती है। वे एक-दूसरे से सीखते हैं। हालाँकि सीखने की प्रक्रिया को शिक्षण संस्थाओं के माध्यम से इन्सानों ने एक बहुत ही उन्नत स्तर तक विकसित कर दिया है। मानवों में एक-दूसरे के साथ जीवन बिताने और परम्पराओं व ज्ञान को एक पीढ़ी से दूसरी पीढ़ी में स्थानान्तरित करने के लिए संस्कृति विकसित हुई है। कपियों में यह बहुत ही प्रारम्भिक स्तर पर दिखायी देता है।

एक-दूसरे से संवाद का स्तर भी इन्सानों को कपियों से बहुत आगे ले जाकर छोड़ता है। कपि अलग-अलग ध्वनियों व मुख-मुद्रा और भंगिमाओं के ज़रिये एक-दूसरे से संवाद करते हैं। इन्हीं के ज़रिये वे ख़ुद को अभिव्यक्त करते हैं, लेकिन इन्सानों के पास इसके अलावा भी एक बेहद सशक्त जरिया होता है, जिसके माध्यम से वह एक साथ लाखों-करोड़ों लोगों के साथ संवाद कायम कर सकता है और वह जरिया है,लिखी हुई भाषा। अपने विकास के साथ ही मानव लिपिबद्ध भाषा के तमाम प्रयोग करते आये हैं और इसे लगातार विकसित करते रहे हैं। कपियों की तुलना में इन्सानों का साबका अजनबियों से ज़्यादा होता है और वे अजनबियों के प्रति बर्ताव करने में भी ज़्यादा सहज होते हैं जबकि कपियों का साबका अपनी ही प्रजाति के किसी अन्य प्राणी, जिसे वे जानते नहीं हों, यानी अजनबियों से कम ही पड़ता है और वे तुलनात्मक तौर पर इसके प्रति कम सहज होते हैं।

अध्याय : 11

कपियों की एंट्री यानी उजड़ना हॉलीवुड के सुख संसार का

जाहिर है कि अफ्रीका और एशिया में अलग-अलग इन्सानी गतिविधियों के चलते कपियों का जीवन संकट में है। उनका पर्यावास समाप्त हो रहा है। उनका शिकार किया जा रहा है। उनके जंगल जलाए जा रहे हैं। उनके बच्चों को पकड़कर पालतू बनाया जा रहा है। कुल मिलाकर यह साफ़तौर पर कहा जा सकता है कि तमाम इन्सानी कारगुज़ारियों के चलते वे विलुप्ति की कगार पर पहुँचते जा रहे हैं। लाखों सालों के जैव विकास के क्रम में उन्होंने जीवन जीने की अनूठी शैली विकसित की थी। अपने पर्यावास में वे अनूठे ढंग से ढल गये थे। अनुकूलित हो गये थे, लेकिन आज यह सब कुछ ख़तरे की ज़द में है। इसके बावजूद कम-से-कम हॉलीवुड की फ़िल्मों से ऐसा प्रतीत नहीं होता। ज़्यादातर फ़िल्मों में कपियों द्वारा हॉलीवुड का सुख संसार उजड़ता हुआ दिखता है। हालाँकि अलग-अलग फ़िल्मों में उन्हें अलग-अलग तरीके से चित्रित करने का प्रयास किया गया है और उन्हें काफ़ी हद तक सकारात्मक भूमिकाएँ भी दी गयी हैं। जो एक चीज़ बहुत प्रमुखता से स्थापित की गयी है, वो है कि कपि हमसे बहुत ज़्यादा ताक़तवर और ख़तरनाक हो सकते हैं। वे बुद्धिमान होते हैं और अपनी बुद्धिमत्ता को हमारे और हमारी नगरीय संस्कृति के खिलाफ़ भी इस्तेमाल कर सकते हैं।

इस क्रम में सबसे पहले 'राइज़ ऑफ़ द प्लैनेट ऑफ़ द एप्स' की चर्चा की जानी चाहिये। वर्ष 2011 में आयी यह विज्ञान फंतासी एक्शन फ़िल्म एक

चिम्पैंजी सीजर को मुख्य पात्र के तौर पर प्रस्तुत करती है। ख़ास बात यह है कि यहाँ पर चिम्पैंजी, गोरिल्ला, बोनोबो और ओरांग उटान यानी चार प्रकार के कपि मौजूद हैं और उनके आकार-प्रकार को काफ़ी हद तक वास्तविक अनुपात में प्रस्तुत करने का प्रयास किया गया है। फ़िल्म की कहानी कुछ इस प्रकार है। सैन फ्रांसिस्को की एक दवा प्रयोगशाला में अल्ज़ाइमर की ज़्यादा प्रभावी दवा बनाने के लिए मादा चिम्पैंजी ब्राइट आयीज पर प्रयोग किये जा रहे हैं, लेकिन जिस दिन इस दवा के बारे में प्रस्तुतीकरण दिया जाने वाला है, उसी दिन ब्राइट आयीज किसी तरह से फ़रार हो जाती है और तोड़-फोड़ और भगदड़ के बीच मारी जाती है। प्रयोग की जाने वाली दवाओं के चलते ब्राइट आयीज की बुद्धिमत्ता में भी बहुत ज़्यादा बढ़ोत्तरी हो जाती है, जिसके चलते ही वह भागने में सफल हो सकी थी। ब्राइट आयीज की मौत के बाद दवा की यह परियोजना रद्द कर दी जाती है। दवा पर प्रयोग करने वाले मुख्य वैज्ञानिक विलियम को बाद में पता चलता है कि ब्राइट आयीज ने हाल ही में एक बच्चे को जन्म दिया है। न चाहते हुए भी विलियम को वह बच्चा अपने घर ले आना पड़ता है। चिम्पैंजी के इस बच्चे का नाम 'सीज़र' रखा जाता है। यह बच्चा शुरू से ही बहुत ज़्यादा बुद्धिमत्ता प्रगट करता है, जिससे पता चलता है कि उसकी माँ को दी जाने वाली दवाइयों का प्रभाव उस पर भी पड़ा है।

सीजर घर के एक सदस्य की तरह रहता है। इस बीच विलियम अपने पिता पर अल्ज़ाइमर की उस दवा का प्रयोग करता है और उसके नतीजे सकारात्मक निकलते हैं। इस बीच सीजर को नज़दीकी जंगलों की सैर भी कराई जाती है ताकि वह पेड़ों पर उछलने और झूलने का अपना स्वाभाविक कार्य कर सके। हालाँकि इस दौरान सीज़र के मन में यह ख़याल आता है कि क्या वह कुत्ते जैसा कोई पालतू जानवर है? किसी कुत्ते की तरह आख़िर उसके गले में पट्टा क्यों बँधा है? सीजर और विलियम साइन लैंग्वेज में बात करते हैं। समय के साथ विलियम के पिता पर दवाइयों का असर कम होने लगता है और वे असमंजस और बदहवासी भरा बर्ताव करने लगते हैं। इसी बीच कार चलाने की कोशिश में वे पड़ोसी की कार को टक्कर मार

देते हैं, जिस पर पड़ोसी उनके साथ दुर्व्यवहार करने लगता है। यह देखकर सीजर से रहा नहीं जाता है और वह बदले में उक्त पड़ोसी पर हमला बोल देता है। इस हमले के बाद एनीमल कंट्रोल वाले उसे पकड़कर ले जाते हैं। यहाँ पर सीजर को अपने जैसे कई अन्य कपि मिलते हैं, जिनमें से पहले सर्कस में रह चुका ओरांग उटान मोरिस उससे साइन लैंग्वेज में बात करता है। यहाँ पर ताक़तवर बक गोरिल्ला भी है।

ख़ैर, कहानी अपने तमाम नाटकीय मोड़ों से गुज़रती है, जिसमें तमाम कपियों को बन्धन मुक्त करता और उनके ऊपर बुद्धिमत्ता की दवा का प्रयोग करता हुआ सीजर उन्हें रेड वुड के उन्हीं जंगलों में ले जाता है। इस दौरान तोड़-फोड़, विध्वन्स और कपियों की अचूक ताक़त, उनके लचीलेपन और बुद्धिमत्ता के दृश्य हैं, जिसके चलते वे तमाम कुर्बानियों के बाद विजयी होते हैं और रेड वुड के जंगलों में पहुँच जाते हैं। यहाँ पर विलियम उसे वापस ले जाने के लिए पहुँचता है और सीजर को घर चलने के लिए कहता है, लेकिन सीजर यह कहकर उसे वापस कर देता है कि वह अपने घर में ही है। फ़िल्म यहीं पर इस संकेत के साथ ख़त्म हो जाती है कि कपियों का घर जंगल में है जबकि शहरों में इन्सानों का घर है।

कपियों के आकार-प्रकार और बर्ताव के वास्तविक चित्रण से अलग फ़िल्म 'किंग कांग' है। वर्ष 2005 में आयी यह फ़िल्म स्कल आईलैंड जैसे एक काल्पनिक टापू पर घटित कहानी के बारे में है। यहाँ पर एक फ़िल्म क्रू अपनी फ़िल्म की शूटिंग के लिए पहुँचता है, लेकिन वो स्थानीय क़बीले और टापू पर पाये जाने वाले ख़तरनाक और हैरतअंगेज़ जीवों का शिकार होने लगता है। यहाँ पर एक गोरिल्ले को चित्रित किया गया है जो पच्चीस फुट से ज़्यादा बड़े आकार का है। यह गोरिल्ला फ़िल्म क्रू की हीरोइन पर आसक्त हो जाता है और उसे अपने साथ रखता है। किसी प्रकार से इस गोरिल्ले को क़ैद करके न्यूयॉर्क लाया जाता है, जहाँ पर इस बड़े से जानवर को तमाम लोग देखना चाहते हैं। लोगों की भीड़ जमा हो जाती है, लेकिन तमाम लोगों की भीड़, कैमरों की चमक आदि से किंग कांग भड़क उठता है और बेड़ियों को तोड़कर भागता

है। वह अपना गुस्सा सभी इमारतों और वाहनों पर जताता है और न्यूयॉर्क की एक तरह की प्रतीक एंपायर स्टेट बिल्डिंग के बुर्ज़ पर लटक जाता है, जहाँ पर चारों तरफ से उस पर फायरिंग की जाती है।

गोरिल्ला का कुछ ऐसा ही विरूपित और काल्पनिक चित्रण करने वाली फ़िल्में 'कांग: स्कल आईलैंड' भी है। यहाँ पर विशालकाय गोरिल्ला कांग है जो स्कल आईलैंड में रहता है। इस आईलैंड पर तमाम और भी विशालकाय और काल्पनिक जीव रहते हैं। फ़िल्मों की इस शृंखला में कुल मिलाकर कांग को सकारात्मक तौर पर प्रस्तुत करने का प्रयास किया गया है। वह सेवियर या एक प्रकार का मसीहा है जो पूरे आईलैंड की रक्षा बेहद ख़तरनाक जीवों से करता है। हालाँकि यह एक पूरी तरह से काल्पनिक कहानी है और इसमें जीवों के आकार-प्रकार की साम्यता भी नहीं है, इसलिए इस पर ज़्यादा चर्चा करने का लाभ कम है।

अध्याय : 12

क्या एंथ्रोपोसीन से होगा धरती का अन्त

धरती पर कुदरत का एक सटीक और अचूक सिस्टम विकसित हुआ है। करोड़ों-अरबों सालों की प्रक्रिया में कुदरत ने हर सवाल का जवाब दिया है। हर नकारात्मक का सकारात्मक तैयार किया है। कुदरत असली रचयिता है। उसने ऑक्सीजन पैदा करने वाले पादप बनाये हैं तो ऑक्सीजन ग्रहण करके कार्बन डाईऑक्साइड छोड़ने वाले जीव-जन्तु भी बनाये हैं। धरती का पूरा पारिस्थितिक तन्त्र ऐसी ही अचूक और सटीक शृंखलाओं से बना है, जहाँ पर सभी जीवित चीज़ें एक-दूसरे पर निर्भर हैं। यहाँ पर जीवन एक-दूसरे को नियन्त्रित करता है। किसी को बहुत ज़्यादा बढ़ने से रोकता है। तमाम शिकारी जानवर खुरवाले जानवरों की संख्या को नियन्त्रित करते हैं। अगर वे मौजूद नहीं होते तो चरने वाले जानवरों की भारी तादाद शायद बहुत सी वनस्पतियों के जीवन के लिए काल बन जाती। उन्हें पनपने से पहले ही चर कर ख़त्म कर देती। उनकी तादाद पर लगातार लगने वाली लगाम ने वनस्पतियों को बढ़ने का मौक़ा दिया।

कुदरत में कुछ भी फ़ालतू नहीं। हर कोई यहाँ पर, इस पारिस्थितिक तन्त्र में अपनी भूमिका अदा करता है। वो किसी पर निर्भर है। कोई उस पर निर्भर है। जहाँ पर भी यह कड़ी टूटती है, तमाम तरह की परेशानियाँ खड़ी हो जाती हैं। हज़ारों-लाखों सालों के विकास-क्रम में धरती के समक्ष ऐसे मौक़े आये हैं, जब प्रजातियाँ विलुप्त हो जाती रही हैं, लेकिन ऐसे तमाम मौकों पर प्रजातियों के विलुप्त होने की रफ़्तार इतनी धीमी होती थी कि उनकी जगह लेने के लिए

दूसरी प्रजातियों को विकसित होने का मौक़ा मिल जाता रहा है। इस तरह से एक प्रजाति के विलुप्त होने से धरती को मिलने वाले घाव को भरने का मौक़ा मिल जाता रहा। इसके अलावा, धरती की अभी तक की आयु में ऐसे भी मौक़े आये हैं जब लाखों प्रजातियाँ एक साथ नष्ट हो गयीं। महाविनाश हो गया। धरती पर गिरने वाले उल्कापिण्डों के चलते पैदा होने वाली गर्मी, ज्वालामुखियों के फटने से पैदा होने वाली गर्मी आदि के चलते सैकड़ों सालों तक धरती पर जीवन असम्भव हो गया। हिमयुग आया तो बहुत सारी प्रजातियाँ नष्ट हो गयीं, लेकिन महाविनाश के बाद धरती ने फिर से अपने घावों को धीरे-धीरे ठीक किया। हज़ारों सालों बाद दोबारा जीवन सम्भव हुआ। पुरानी प्रजातियाँ नष्ट हो गयीं, नयी प्रजातियों ने उनकी जगह ले ली और नया पारिस्थितिक तन्त्र काम करने लगा।

धरती इस समय भी एक ऐसे ही महाविनाश से गुज़र रही है। इसमें बहुत सारी प्रजातियाँ तो विलुप्त हो भी चुकी हैं या विलुप्ति की कगार पर पहुँच गयी हैं। बड़ा खेद है कि इसे मानवयुग या 'एंथ्रोपोसीन' कहा जा सकता है। सम्भवतः धरती इससे पहले पाँच बार महाविनाश का सामना कर चुकी है, लेकिन इसके पहले आये महाविनाश के पीछे प्राकृतिक, भौगोलिक या खगोलीय कारक ज़िम्मेदार हुआ करते थे। ऐसा पहली बार हो रहा है कि धरती पर रहने वाली ही किसी प्रजाति के चलते धरती पर जीवन असम्भव हो रहा है और नष्ट होने की तरफ बढ़ रहा है।

धरती पर पैदा होने वाली तमाम प्रजातियाँ ख़ुद को धरती के अनुकूल बनाती रही हैं। उन्होंने अपने शरीरों को अपने पर्यावास के अनुसार ढाला है। साल भर बर्फ से ढके इलाक़ों में रहने वाले अपने शरीरों में इस ठंड से बचने के उपाय लिए पैदा होते हैं जबकि पानी में रहने वाले जीवों ने अपने आपको इसी अनुसार ढाल लिया है। इसके उलट, मानव प्रकृति के नियमों को समझकर, उनका अपने हित में इस्तेमाल करने का प्रयास करता रहा है। धीरे-धीरे शुरू हुई यह प्रक्रिया आधुनिक युग तक आते-आते इतनी बढ़ गयी की मानव अपने फ़ायदे के लिए धरती को ही बदलने लगा। नदियों के प्रवाह मोड़े गये, जंगलों को साफ़ करके खेती और पशुपालन के लिए तैयार किया गया।

पृथ्वी पर जीवन एक बहुत ही महीन सन्तुलन पर टिका हुआ है। ज़ाहिर है कि मानवजनित गतिविधियों यानी एंथ्रोपोसीन के चलते यह सन्तुलन बिगड़ रहा है। मानव की गतिविधियों से उत्सर्जित होने वाली ग्रीन हाउस गैसों के चलते धरती पर गर्मी बढ़ी है और वैश्विक तापमान में बढ़ोत्तरी के चलते धरती के ध्रुवों पर जमा बर्फ़ पिघल रही है। इससे समुद्र तल से कम ऊँचाई वाली जगहों के डूबने का ख़तरा पैदा हो गया जबकि मौसम चक्र में बदलाव दर्ज़ किये जा रहे हैं। कहीं पर अतिशय वर्षा है तो कहीं पर सूखा है। बारिश के दिनों की संख्या में कमी आ रही है जबकि कम दिनों में ज़्यादा बारिश हो रही है। फ़रवरी 2022 में जलवायु परिवर्तन पर बने संयुक्त राष्ट्र के अन्तरसरकारी पैनल (आईपीसीसी) ने अपनी महत्वपूर्ण रिपोर्ट ज़ारी की। आईपीसीसी की यह छठवीं रिपोर्ट का दूसरा हिस्सा था। दोनों रिपोर्टों ने दुनिया भर में छाए जलवायु ख़तरे के तमाम पहलुओं को उजागर किया। रिपोर्ट यह साफ़-साफ़ कहती है कि जलवायु ख़तरा उससे कहीं ज़्यादा बड़ा है, जितना पहले सोचा गया था। पहले किये गये अनुमानों से ज़्यादा तेजी से यह हम सबको अपने घेरे में ले रहा है।

जलवायु ख़तरे से निपटने के लिए जो कदम उठाए जाने चाहिये थे, उसके लिए समय भी अब लगातार कम होता जा रहा है। इन्सान जनित गतिविधियों के चलते पर्यावरण को कुछ नुकसान तो ऐसा हो चुका है, जिसे अब दोबारा लौटा पाना सम्भव नहीं है। रिपोर्ट जलवायु ख़तरे से निपटने के अनुकूलन (एडॉप्टेशन) पर ख़ास ज़ोर देती है यानी ऐसे उपाय किये जायें और ढाँचा विकसित किया जाये, जो जलवायु परिवर्तन के चलते आने वाली आपदाओं और चरम मौसम की घटनाओं के समय होने वाले नुकसानों को कम कर सकें।

मौसम में हो रहे बदलाव और जलवायु परिवर्तन के प्रभावों के आकलन को लेकर वर्ष 1988 में जलवायु परिवर्तन पर इस अन्तरसरकारी पैनल (इंटरगवर्नमेंटल पैनल ऑन क्लाईमेट चेंज या आईपीसीसी) की स्थापना की गयी थी। आईपीसीसी जलवायु परिवर्तन और उसके चलते दुनिया भर में हो रहे बदलावों और आपदाओं का आकलन करता है और उसके बारे में अपनी

रिपोर्ट जारी करता है। अब तक इस पैनल के द्वारा छह रिपोर्टें जारी की जा चुकी हैं। छठवीं आकलन रिपोर्ट का पहला हिस्सा वर्ष 2021 में जारी किया गया था जबकि दूसरा हिस्सा 28 फ़रवरी 2022 को जारी किया गया। रिपोर्ट को दुनिया के 67 देशों के 270 विशेषज्ञों के द्वारा तैयार किया गया है। इसके लिए दुनिया भर में प्रकाशित 34 हज़ार से ज़्यादा शोध प्रबन्धों का गहराई से अध्ययन किया गया है। यह रिपोर्ट प्रकृति और इन्सानों पर छाए 127 ख़तरों को चिह्नित करती है। रिपोर्ट जलवायु, जैवविविधता और मानव कल्याण के बीच मौजूद अन्तरसम्बन्धों की पड़ताल करती है और इन अन्तरसम्बन्धों में आये बदलावों व उससे पैदा होने वाले दुष्प्रभावों को रेखांकित करती है।

आईपीसीसी रिपोर्ट के मुताबिक, दुनिया भर के शहरों में ही दुनिया भर की आधी से ज़्यादा आबादी निवास करती है और इन शहरों पर ही जलवायु ख़तरे का असर सबसे ज़्यादा पड़ने के आसार हैं। जलवायु ख़तरे के चलते दुनिया की आधी से ज़्यादा आबादी के जीवन और आजीविका पर संकट मंडरा रहा है।

जलवायु परिवर्तन की मार सबसे ज़्यादा ग़रीबों, वंचितों, महिलाओं, दलितों, आदिवासियों, अल्पसंख्यकों आदि को झेलनी पड़ेगी। जलवायु परिवर्तन के चलते पैदा होने वाले ख़तरे किसी प्रकार का भेदभाव नहीं करते हैं, लेकिन ग़रीब और वंचित लोगों के पास जलवायु परिवर्तन के चलते पैदा होने वाले ख़तरों का मुक़ाबला करने के लिए सबसे कम संसाधन होते हैं। इसके चलते प्राकृतिक आपदाओं का भी सबसे ज़्यादा शिकार वही होते हैं और प्राकृतिक आपदाओं के चलते होने वाले विस्थापन को भी उन्हें ही सबसे ज़्यादा झेलना होता है।

धरती के तापमान में होने वाली हर एक डिग्री की बढ़ोत्तरी भारी तबाही लाने वाली है। औद्योगिक युग की तुलना में पहले ही मानव जनित गतिविधियों के चलते वैश्विक तापमान में 1.09 डिग्री सेल्सियस की बढ़ोत्तरी हो चुकी है। अब अगर इसमें 1.5 डिग्री सेल्सियस की बढ़ोत्तरी और होती है तो 14 फ़ीसदी प्रजातियों के सामने विलुप्त होने का ख़तरा पैदा हो जायेगा जबकि

अगर वैश्विक तापमान में बढ़ोत्तरी तीन डिग्री सेल्सियस तक की होती है तो 29 फ़ीसदी प्रजातियों के अस्तित्व पर संकट छा जायेगा। वहीं, अगर यह बढ़ोत्तरी 4 डिग्री सेल्सियस तक की होती है तो 39 फ़ीसदी प्रजातियों के सामने विलुप्त होने का ख़तरा पैदा हो जायेगा।

रिपोर्ट बताती है कि जलवायु परिवर्तन के चलते होने वाले कुछ प्रभाव तो ऐसे हैं, जिनके असर को दोबारा लौटाया या पलटा नहीं जा सकता है, जैसे कि अगर एक बार जो प्रजाति विलुप्त हो जाती है, तो दोबारा नहीं वापस लौटाया जा सकता है। चूँकि हर प्रजाति पारिस्थितिक तन्त्र में एक ख़ास भूमिका अदा करती है, इसलिए उस पारिस्थितिक तन्त्र को पहले जैसा बनाना सम्भव नहीं रहता।

ज़मीन या समुद्र में मौजूद जीव-जन्तुओं और पेड़-पौधों को इतना ज़्यादा नुकसान अभी ही हो चुका है कि इनकी भरपायी नहीं हो सकती है। सैंकड़ों विलुप्त जीव-जन्तु अब कभी वापस नहीं आयेंगे। आज दुनिया में जिस तरह से कार्बन उत्सर्जन हो रहा है, विशेषज्ञों का अनुमान है कि इस सदी के अन्त तक वैश्विक तापमान में तीन डिग्री सेल्सियस तक की बढ़ोत्तरी होगी। दुनिया के तमाम देशों के बीच इस बात पर सहमति है कि वैश्विक तापमान में होने वाली बढ़ोत्तरी को डेढ़ डिग्री तक रोक लिया जाये। इसके लिए अलग-अलग देशों की ओर से कार्बन उत्सर्जन में कटौती का लक्ष्य भी निर्धारित किया गया है। पेरिस एग्रीमेंट के बाद से दुनिया के तमाम देशों के प्रतिनिधियों के बीच बैठकों और बातचीत का दौर आयोजित किया जाता रहा है। हालाँकि बैठकों और सम्मेलनों में की गयी घोषणाओं के विपरीत इस पर ठोस कार्रवाई कम ही देखने को मिल रही है। इसलिए इस लक्ष्य को बहुत ही सन्देह की नज़र से देखा जाता है कि वैश्विक तापमान में होने वाली बढ़ोत्तरी को 1.5 डिग्री सेल्सियस तक रोका जा सकेगा।

बात समझिए। वैश्विक तापमान में 1.5 डिग्री सेल्सियस की बढ़ोत्तरी होने पर भी बहुत सारी प्रजातियाँ विलुप्त हो जायेंगी और इसके चलते होने वाले जलवायु परिवर्तन से करोड़ों-अरबों लोगों के जीवन और आजीविका

पर संकट छा जायेगा, लेकिन दुनिया को लगता है कि धरती के तापमान में इतनी बढ़ोत्तरी तो होगी ही। बस, इसे तीन डिग्री तक बढ़ने से रोक लिया जाये, क्योंकि वह स्थिति तो बेहद भयावह और किसी दुस्वप्न जैसी होगी। यह नुकसान को कम करके रखने जैसा ही एक प्रयास है। मतलब, नुकसान तो हो ही रहा है और होगा ही, लेकिन नुकसान की मात्रा को सीमित किया जाये।

इस धरती पर जीवन का ताना-बाना बहुत सरल और बहुत जटिल, दोनों ही है। यह बहुत धीमे-धीमे और दबे पांव एक-एक कदम रखते हुए विकसित हुआ है। जीवन के अलग-अलग रूपों के बीच अन्तर्सम्बन्धों की जटिलताओं को समझने की दिशा में अभी हमने कदम बढ़ाया ही है। यहाँ पर मधुमक्खियों और तितलियों के जीवन पर लाखों प्रजाति के पेड़-पौधों का जीवन टिका हुआ है। इन पेड़-पौधों के जीवन पर लाखों प्रजातियों का जीवन टिका हुआ है। हम भी उन्हीं में से एक हैं। कई बार इन अन्तर्सम्बन्धों की जटिलता को सैकड़ों सालों बाद समझा जाता है। जब कोई प्रजाति विलुप्त हो जाती है, उसके भी कई सौ सालों बाद जाकर हमें पता चलता है कि आख़िर वह प्रजाति इस पारिस्थितिक तन्त्र में क्या भूमिका अदा करती थी और उसके विलुप्त होने का ख़ामियाज़ा कैसे भुगतना पड़ा है?

बहुराष्ट्रीय कम्पनियों के दैत्याकार होने के भी बेशक बीते पचास सालों की सबसे बड़ी आर्थिक घटनाओं में रखा जा सकता है। वे बहुत विशालकाय हो गयी हैं। उनके हाथों में दुनिया के ज़्यादातर संसाधनों का मालिकाना है। उनकी सम्पत्तियाँ कई देशों की कुल सम्पत्ति से भी ज़्यादा हैं। वे बहुत ताक़तवर हैं। कई देशों से ज़्यादा ताक़त रखती हैं। इसी अनुसार वे पूरी दुनिया पर अपनी मनमानी भी थोपती हैं। देशों के हित इन कम्पनियों के हितों के सामने लगातार बौने साबित हुए हैं। वे हर तरह से सत्ताओं से अपनी बात मनवा सकती हैं, लेकिन आज जहाँ पर धरती पहुँच चुकी है, वहाँ पर यह साफ़ समझी जानी चाहिये कि मुनाफ़े की बजाय लोगों की ज़रूरत को इस पृथ्वी की चालक शक्ति होनी चाहिये। धरती सभी लोगों की ज़रूरत तो पूरा कर सकती है,

लेकिन हवस पूरा नहीं कर सकती। प्रयास होना चाहिये कि धरती को कम-से-कम नुकसान पहुँचाये बिना लोगों की ज़रूरतें पूरी हों। किसी ने कहा है न कि नीड सबकी पूरी हो सकती है, लेकिन ग्रीड नहीं।

ज़ाहिर है कि एंथ्रोपोसीन आज दुनिया के सामने ऐसा ही ख़तरा बना हुआ है। चाहे ओरांग उटान हो, बोनोबो या चिपैंजी हो, हाथी हों या शेर, बाघ हो या चीता, डाल्फ़िन हो या फिर व्हेल और शार्क, कछुए हों या तितलियाँ और मधुमक्खियाँ–सभी कुछ के अस्तित्व पर संकट है। मुश्किल से एक हज़ार कॉरपोरेट कम्पनियाँ दुनिया भर के संसाधनों का दोहन कर रही हैं। उन्हें जंगल और वन्यजीवन से कोई सरोकार नहीं है। उन्हें बस हर साल अपने मुनाफ़े में होने वाली बढ़ोत्तरी की परवाह है। हम पहले ज़िक्र कर आये हैं कि कैसे बड़ी कॉरपोरेट कम्पनियों ने पॉम ऑयल के कारोबार के लिए ओरांग उटान के घर को तहस-नहस कर दिया है। वे ओरांग उटान को फसल नष्ट करने वाले कीड़ों जैसा समझते हैं। उनके लिए ओरांग उटान और उसके घर यानी वर्षावनों का कोई मोल नहीं है।

हालाँकि इस बात को सहज ही समझा जा सकता है कि वर्षावनों की तबाही प्रकारान्तर से इन्सानों की ही तबाही है। ओरांग उटान का जीवन नष्ट होने पर इन्सान का भी जीवन नष्ट होता है। ज़रूरत अलग-अलग जीवन के अस्तित्व और उसके महत्व को समझने की है ताकि नष्ट हो रहे इस जीवन को उसके नैसर्गिक रूप में बचाया जा सके।

एंथ्रोपोसीन के साथ ही आमतौर पर एंथ्रोपोसेंट्रिक नज़रिया भी लोगों के जीवन का मूलभूत दर्शन बना हुआ है यानी सबकुछ के केन्द्र में हम इन्सान है। हम कोई अजनबी पेड़-पौधा देखते हैं तो पूछते हैं कि यह किस काम आता है? क्या इसमें फल उगते हैं, जिसे हम खा सकें। क्या यह कोई जड़ी-बूटी है, जिससे हम अपना उपचार कर सकें? यानी सब कुछ के केन्द्र में हम ख़ुद को रखते हैं, लेकिन यह जीवन दर्शन ठीक नहीं है। इस धरती पर जो भी जीव-जन्तु और वनस्पति है, उसकी कोई न कोई भूमिका है। हो सकता है कि कोई पेड़-पौधा हमारे किसी काम का नहीं हो, लेकिन पारिस्थितिक तन्त्र में उसकी बेहद

महत्वपूर्ण भूमिका हो। इसलिए हमें मानव केन्द्रित नज़रिए की बजाय पृथ्वी या पर्यावरण केन्द्रित नज़रिए की बात करनी चाहिये।

हमारे पास समय कम है जबकि संरक्षण के बहुत सारे काम बाक़ी पड़े हैं।

जल्दी नहीं की गयी तो फिर यह समय भी हाथ से निकल जायेगा।

परिशिष्ट

हुलॉक गिब्बन : पूर्वोत्तर में रहता है भारत का यह जांबाज़ खिलाड़ी।

पूर्वोत्तर भारत के जंगलों की सबसे ऊपरी मंज़िल पर एक जांबाज़ खिलाड़ी रहता है। जी हाँ, यह वही खिलाड़ी है जिसकी ब्रैकियेशन तकनीक में कुशलता के बारे में हम ऊपर पढ़ आये हैं। हमने ऊपर यह जाना कि कपि कैसे वानरों से अलग हैं। अफ्रीका और एशिया में पाये जाने वाले कपियों के बारे में भी हमने जाना। हमारे देश में कपियों की एकमात्र प्रजाति गिब्बन पायी जाती है। पूर्वोत्तर भारत के जंगलों में इसका निवास है। दिलीप क्षेत्री वर्ष 1994 से पूर्वोत्तर भारत में प्राईमेट्स पर अध्ययन कर रहे हैं। गिब्बन के जीवन, रहन-सहन और संरक्षण को लेकर वे विशेषज्ञ हैं। वर्तमान में वे 'प्राईमेट रिसर्च एंड कंज़र्वेशन डिवीज़न' के प्रमुख और गिब्बन संरक्षण की दिशा में काम कर रही संस्था 'आरण्यक' के वाइस प्रेसीडेंट हैं। हुलॉक गिब्बन क्या हैं, वे कहाँ रहते हैं, उनके अस्तित्व पर छाए संकट क्या-क्या हैं, उनके संरक्षण के लिए क्या किया जा रहा है, भारत में प्राईमेट परिवार के अन्य सदस्य कौन-कौन से हैं आदि सवालों को लेकर उनसे बातचीत के कुछ हिस्से यहाँ पर प्रस्तुत हैं–

प्रश्नः आप एक प्राईमेट विशेषज्ञ हैं। भारत में पाये जाने वाले प्राईमेट परिवार के बारे में थोड़ी जानकारी दीजिए।

उत्तरः भारत में तीन अलग-अलग परिवारों की 26 प्राईमेट प्रजातियाँ पायी जाती हैं। ये तीन परिवार हैं–लोरीसाइडे (Lorisidea), हाइलोबेटिडे (Hylobatidae) व सरकोपीथेसाइडे (Cercopithecidae)। लोरीसाइड की दो प्रजातियाँ स्लो लोरिस और स्लेंडर लोरिस भारत में पायी जाती हैं जबकि

हाइलोबेटिडे परिवार के दो प्रतिनिधि–वेस्टर्न हुलॉक गिब्बन और ईस्टर्न हुलॉक गिब्बन यहाँ मौजूद हैं जबकि सरकोपीथेसाइडे परिवार के दो उप परिवार भारत में हैं। इसमें से एक उप परिवार कोलोबाइने या पत्ती खाने वाले बन्दरों (लीफ ईटिंग मंकी) का है जबकि दूसरा उप परिवार सरकोपीथेसाइने या गाल की थैली (चीक पाउच मंकी) बन्दरों का है। कोलोबाइने उप परिवार में तेरह प्रजातियाँ और सरकोपीथेसाइने में नौ प्रजातियाँ शामिल हैं। आम भाषा में इसे ऐसे समझ सकते हैं कि लंगूर मुख्य तौर पर पत्तियाँ खाते हैं और बन्दर मुख्यतौर पर फल खाते हैं। लंगूरों के लिए फल और बन्दरों के लिए पत्तियाँ द्वितीयक होती हैं जबकि लोरिस निशाचर होते हैं और आमतौर पर पेड़ों की गोंद और कीटों को खाते हैं।

प्रश्नः हुलॉक गिब्बन के बारे में थोड़ा विस्तार से बतायें ?

उत्तरः भारत में बनमानुष या कपि की एक ही प्रजाति पायी जाती है, वो है हुलॉक गिब्बन। गिब्बन छोटे एप होते हैं। वे बुद्धिमान प्राणी होते हैं और एक सामाजिक ढाँचे में रहते हैं। हमारे जीन 95 फ़ीसदी तक गिब्बन से मिलते हैं। अलग-अलग प्रजातियों के अनुसार आमतौर पर गिब्बन पाँच से दस किलोग्राम तक के वज़न वाले होते हैं। हुलॉक गिब्बन समेत सभी गिब्बन फलाहारी होते हैं, जीवन भर के लिए जोड़ा बनाते हैं, अपने इलाक़े में रहते हैं और जंगल की कैनोपी पर रहना पसन्द करते हैं। वे एक तेज आवाज़ निकालते हैं, जिसे 'गिब्बन सांग' कहा जाता है, इसे दो किलोमीटर की दूरी तक सुना जा सकता है। आमतौर पर गिब्बन जोड़ा और उसके बच्चे एक साथ ही रहते हैं। पेड़ों पर रहने और फलों को खाने के चलते वे बहुत सारे पेड़ों के बीजों का प्रसार करते हैं और इस प्रकार पारिस्थितिक तन्त्र में महत्वपूर्ण भूमिका अदा करते हैं।

प्रश्नः भारत में हुलॉक गिब्बन कहाँ पाये जाते हैं?

उत्तरः पूरे इंडो-मलय क्षेत्र में गिब्बन की 20 प्रजातियाँ रहती हैं। इसमें से वेस्टर्न हुलॉक गिब्बन और ईस्टर्न हुलॉक गिब्बन प्रजातियाँ भारत में पायी जाती हैं। ख़ास बात यह है कि यह दोनों ही प्रजातियाँ पूर्वोत्तर के सात राज्यों आसाम, अरुणाचल प्रदेश, मेघालय, मणिपुर, त्रिपुरा, नागालैंड और मिज़ोरम

में ही पायी जाती हैं। इन सात राज्यों में भी गिब्बन दिबांग नदी और ब्रह्मपुत्र नदी सिस्टम के दक्षिणी किनारों पर रहते हैं। अनुमान है कि इस पूरे क्षेत्र में वेस्टर्न हुलॉक गिब्बन की संख्या सात हज़ार के लगभग और ईस्टर्न हुलॉक गिब्बन की संख्या साढ़े तीन हज़ार के लगभग है।

प्रश्नः हुलॉक गिब्बन की आहार सूची में आमतौर पर क्या-क्या चीज़ें शामिल हैं ?

उत्तरः हुलॉक गिब्बन मूलतः फलाहारी होते हैं। इसलिए उनके आहार का ज़्यादातर हिस्सा फलों का होता है। इसके अलावा वे पत्तियाँ, कोंपलें, फूल, फूलों की कलियाँ, डंठल और कीट, मकड़ियाँ और पक्षियों के अंडे खाते हैं। अगर हुलॉक गिब्बन के खाने की आदर्श सूची बनायी जाये तो यह 65 फ़ीसदी फलों, 13 फ़ीसदी पत्तियों, 12 फ़ीसदी डंठल और कलियों, पाँच फ़ीसदी फूलों और पाँच फ़ीसदी जन्तु प्रोटीन से बना होता है। यह सब आहार उन्हें अपने जंगल के अलग-अलग पेड़ों से प्राप्त होता है।

प्रश्नः क्या हुलॉक गिब्बन सामाजिक प्राणी होते हैं? वे किस तरह के सामाजिक समूहों में रहते हैं ?

उत्तरः सभी एप प्रजातियों में हुलॉक गिब्बन ख़ास सामाजिक सम्बन्धों में जीते हैं। आमतौर पर नर-मादा एक ही साथी के साथ हमेशा के लिए जोड़ा बनाते हैं। सामान्य तौर पर नर, मादा और उनके बच्चे ही एक छोटे समूह की तरह साथ रहते हैं। नर और मादा हुलॉक गिब्बन अलग-अलग रंगों के होते हैं। बालिग नर वेस्टर्न हुलॉक गिब्बन काले रंग का होता है और उसकी भवों के पास का हिस्सा सफेद रंग का होता है जबकि मादा वेस्टर्न हुलॉक गिब्बन का रंग तांबई और भवों का रंग सफेदी लिए हुए होता है।

प्रश्नः हुलॉक गिब्बन जंगल में कितने बड़े हिस्से में घूमते हैं ?

उत्तरः आमतौर पर वे भोजन और सुरक्षा की तलाश में 22 से 35 हेक्टेयर तक के बीच घूमते हैं, लेकिन 86 हेक्टेयर से 3.2 हेक्टेयर तक के छोटे पर्यावास (होम रेंज) भी देखने को मिले हैं। अलग-अलग समूहों के बीच एक-दूसरे के होम रेंज में आना-जाना भी लगा रहता है जबकि

तेज़ आवाज़ के ज़रिये हुलॉक गिब्बन अपने इलाक़े की रक्षा करने का भी प्रयास करते हैं।

प्रश्नः क्या हुलॉक गिब्बन ओरांग उटान जैसे कपि की तरह से पेड़ पर घोंसला बनाते हैं? वे अपने बच्चों को जन्म कहाँ पर देते हैं ?

उत्तरः हुलॉक गिब्बन घोंसला नहीं बनाते हैं। वे आमतौर पर जंगल की कैनोपी पर ही रहते हैं। पानी पीने के लिए भी नीचे नहीं उतरते हैं। पेड़ों के सुराख़ों और पत्तों में जमा पानी से उनकी प्यास बुझ जाती है। फलों से भी बहुत सारा पानी मिल जाता है। लायना जैसी लतर से भी पानी की उनकी ज़रूरत पूरी होती है। वे ज़मीन पर उतरना पसन्द नहीं करते हैं। बच्चों को जन्म भी वे पेड़ पर ही देते हैं। वे किन औज़ारों का इस्तेमाल करते हैं, इसके लिए अभी और ज़्यादा अध्ययन किये जाने की ज़रूरत है।

प्रश्नः हुलॉक गिब्बन के अस्तित्व के समक्ष क्या-क्या चुनौतियाँ हैं और कैसे उनका संरक्षण किया जा रहा है ?

उत्तरः देश के अन्य हिस्सों की तरह उत्तर पूर्व में भी जंगलों के आकार में कमी आ रही है। इससे अन्य वन्यजीवों की तरह ही हुलॉक गिब्बन के जीवन पर भी संकट खड़ा है। हुलॉक गिब्बन नैसर्गिक तौर पर पेड़ों की कैनोपी पर ही रहते हैं और ज़मीन पर आना पसन्द नहीं करते हैं, लेकिन सड़क निर्माण, रेल लाइन का निर्माण, खनन व अलग-अलग विकास परियोजनाओं के चलते जंगलों की कैनोपी टूट जाती है। इसके चलते उन्हें जंगल के एक हिस्से से दूसरे हिस्से में जाने के लिए कई बार ज़मीन पर उतरना पड़ता है, जिससे वे शिकारियों की चपेट में आ जाते हैं। इसके अलावा वाहनों के साथ हादसे का भी ख़तरा बना रहता है। वनों का घटना, वन भूमि का कृषि और बाग़बानी के लिए उपयोग के चलते पर्यावास नष्ट होना, शिकार आदि उनके समक्ष बड़े ख़तरे हैं। राष्ट्रीय उद्यानों व संरक्षित वनों में उनकी आबादी सुरक्षित है, लेकिन इसके बाहर उनकी तादाद में तेज़ी से कमी आ रही है। पूर्वोत्तर के राज्यों में 38 संरक्षित वन क्षेत्र हैं जिनके कुल मिलाकर आठ हज़ार 337 वर्ग किलोमीटर क्षेत्र में हुलॉक गिब्बन रहते हैं। हुलॉक गिब्बन के साथ स्लो लोरिस,

रीसस मैकेक, असमीस मैकेक, स्टंप टेल्ड मकैक, पिगटेल्ड मैकेक, कैप्ड लंगूर, फायर्स लीफ मंकी आदि भी इस पर्यावास को साझा करते हैं।

प्रश्न: पूर्वोत्तर के राज्यों में रहने वाले अलग-अलग जनजातीय समूहों में गिब्बन को लेकर किस तरह का रवैया है ?

उत्तर: हुलॉक गिब्बन को लेकर अलग-अलग जनजातियों का रवैया अलग-अलग है। जनजातियों में अलग-अलग मान्यताएँ और अन्धविश्वास हैं, जिनके चलते कई जनजातियों द्वारा हुलॉक गिब्बन का शिकार किया जाता है, लेकिन अरुणाचल प्रदेश के मीशमी हिल क्षेत्र में रहने वाली मीशमी ट्राइब जैसी जनजातियाँ भी हैं, जहाँ पर प्राचीनकाल की परम्परा से ही गिब्बन के शिकार पर रोक है और यह जनजाति गिब्बन का शिकार नहीं करती है।

Orangutan
Scientific classification

Kingdom	Animalia
Phylum	Chordata
Class	Mammalia
Order	Primates
Suborder	Haplorhini
Infraorder	Simiiformes
Family	Hominidae
Subfamily	ponginae
Genus	Pongo

Chimpanzee
Scientific classification

Kingdom	Animalia
Phylum	Chordata
Class	Mammalia
Order	Primates
Suborder	Haplorhini

Infraorder	Simiiformes
Family	Hominidae
Subfamily	Homininae
Tribe	Hominini
Genus	Pan
Species	P. troglodytes

Bonobo
Scientific classification

Kingdom	Animalia
Phylum	Chordata
Class	Mammalia
Order	Primates
Suborder	Haplorhini
Infraorder	Simiiformes
Family	Hominidae
Subfamily	Homininae
Tribe	Hominini
Genus	Pan
Species	P. paniscus

Gorilla
Scientific classification

Kingdom	Animalia
Phylum	Chordata
Class	Mammalia
Order	Primates
Suborder	Haplorhini
Infraorder	Simiiformes
Family	Hominidae
Subfamily	Homininae
Tribe	Gorillini
Genus	Gorilla

Gibbon
Scientific classification

Kingdom	Animalia
Phylum	Chordata
Class	Mammalia
Order	Primates
Suborder	Haplorhini
Infraorder	Simiiformes
Parvorder	Catarrhini
Superfamily	Hominoidea
Family	Hylobatidae